당신 안에
이미 모든 답이 있다.

일러두기

1. 에세이 및 연설문은 「 」, 도서명은 『 』로 표기하였다.
2. 본 책은 「자기신뢰(Self-Reliance)」를 중심으로, 에머슨의 여러 에세이에서 관련 내용을 선별하여 재편성하였다.

SELF-RELIANCE

세상이 요구하는 나가 아닌 진짜 나로 사는 법

초역 자기신뢰

랄프 왈도 에머슨 지음
필로소피랩 엮음

Ralph Waldo Emerson

랄프 왈도 에머슨

1803년, 미국 보스턴에서 태어난 랄프 왈도 에머슨Ralph Waldo Emerson은 19세기 미국을 대표하는 사상가이자 초월주의 철학의 아버지라고 불립니다. 목사의 아들로 태어난 그는 하버드 신학대학원을 졸업한 후 자신 또한 목사가 되었으나, 기성 종교의 형식에 얽매이지 않고 자신만의 철학을 추구했습니다.

에머슨의 인생은 순탄치만은 않았습니다. 첫 번째 아내 엘렌이 결혼한 지 1년 반 만에 결핵으로 세상을 떠나면서, 그는 깊은 상실감에 빠졌습니다. 사랑하는 사람의 죽음 앞에서 교회가 말하는 위로는 공허하게 느껴졌고, 기존 신앙의 틀에 회의를 느낀 그는 결국 1832년에 목사직을 사임합니다. 그가 아직 서른이 되기 전이었습니다.

목사직을 그만둔 에머슨은 이듬해인 1833년에 유럽으로 향했습니다. 그곳에서 영국의 철학자이자 작가인 토머스 칼라일Thomas Carlyle, 시인 윌리엄 워즈워스William Wordsworth와 새뮤얼 테일러 콜리지Samuel Taylor Coleridge 등 당대의 저명한 사상가 및 문인들과 교류하며 큰 영향을 받았습니다. 당시 주류였던 유럽 철학과 문화의 흐름을 직접 체험하며 '자기만의 목소리'가 필요하다는 강한 자각을 갖게 된 것입니다. 이들과의 대화를 통해 그는 신과의 만남이 교회나 목사를 통해서가 아니라 각자의 마음속에서 직접 일어날 수 있다는 확신을 얻었고,

이는 이후 에머슨 사상의 핵심인 '자기신뢰Self-Reliance'의 씨앗이 되었습니다.

미국으로 돌아온 에머슨은 강연자로서의 새로운 삶을 시작했습니다. 전국을 돌며 자신의 생각을 사람들에게 직접 전했고, 그 통찰은 종교를 넘어 당시 미국 사회와 문화에 대한 날카로운 문제의식으로 이어졌습니다. 독립을 선언한 지 60년이 지났지만, 미국은 문화적으로 여전히 유럽의 영향을 크게 받고 있었습니다. 문학과 철학, 예술 모든 분야에서 유럽을 모방하는 것이 당연하게 여겨졌던 시대였던 것입니다. 에머슨은 이런 현실에 과감하게 문제를 제기했고, 1837년 하버드 대학에서 「미국의 학자The American Scholar」라는 연설을 하며 미국이 유럽의 그림자에서 벗어나 독자적인 문화를 만들어야 한다고 주장했습니다.

> **우리는 너무 오랫동안 유럽의 문화와 사상을 따라 하기만 했다.**
> **We have listened too long to the courtly muses of Europe.**
> ―「미국의 학자(The American Scholar)」 연설 중

이는 미국이 정치적 독립에 이어 문화적, 정신적 독립까지 이루어야 한다는 강력한 메시지였습니다. 이 연설은 미국의 의사이자 작가인 올리버 웬델 홈스Oliver Wendell Holmes에 의해 "미국의 지적 독립 선언Our intellectual Declaration of Independence"*으로 불리게 됩니다.

---

* Robert D. Richardson Jr., 『Emerson: The Mind on Fire』 (1995), 263쪽.

이뿐만 아니라, 에머슨은 개인 또한 사회나 전통의 권위에 의존하지 말고 각자가 자신의 내면에서 답을 찾아야 한다고 강조했습니다. 다른 사람들이 만들어 놓은 기준이나 과거의 관습에 얽매이지 말고, 지금 이 순간 자신이 진정으로 믿는 바를 따르라는 것이었습니다.

자기 자신을 믿어라.
Trust thyself.

—「자기신뢰(Self-Reliance)」,「에세이 제1집(Essays: First Series)」

이것이 에머슨이 말하는 자기신뢰의 핵심입니다. 그는 자기신뢰를 바탕으로 살아가는 독립적인 개인들이 모일 때 비로소 진정한 문화가 만들어진다고 믿었습니다. 남의 것을 모방하는 것이 아니라, 각자의 진실한 모습에서 나오는 창조적인 문화 말입니다. 그의 이러한 생각들이 모여 하나의 철학으로 발전한 것이 바로 '초월주의Transcendentalism'입니다.

초월주의

'초월주의'란 쉽게 말해 기존의 틀을 초월하여 새로운 관점으로 세상을 바라보자는 생각입니다. 에머슨과 그의 동료들은 당시 지배적이었던 청교도적 사고*와 유럽 중심의 철학을 뛰어넘어, 스스로 사유하며 모든 감각을 느끼는 삶을 강조했습니다.

이러한 초월주의의 핵심은 인간과 자연이 하나로 연결되어 있으며, 모든 존재 안에는 신성이 깃들어 있다는 것입니다. 에머슨은 숲속을 걷던 중, 자신이 자연과 분리된 존재가 아니며 오히려 자연과 하나로 녹아드는 듯한 깊은 일체감을 느꼈다고 말합니다. 그는 이 경험을 자신의 에세이 「자연 Nature」에서 '투명한 안구 Transparent eyeball'라는 독특한 표현으로 묘사했습니다.

> 나는 투명한 안구가 된다.
> 나는 아무것도 아니지만, 모든 것을 본다.
> 우주의 흐름이 나를 통해 흐른다.
> 나는 신의 한 부분이자 작은 조각이다.
> I become a transparent eye-ball;
> I am nothing; I see all;
> the currents of the Universal Being circulate through me;
> I am part or particle of God.
>
> ―「자연(Nature)」,「자연(Nature)」

---

* 16~17세기 영국에서 시작되어 미국 초기 사회에 큰 영향을 준 청교도의 종교적 신념에서 비롯된 사고방식. 엄격한 도덕성과 근면 성실, 금욕주의를 강조함

에머슨의 이 묘사는, 자연 속에서 자아의 경계가 사라지고 온 우주와 하나가 되는 순간의 경험을 표현한 것입니다. 이런 상태에서는 개별적인 '나'가 사라지지만, 오히려 모든 것을 더욱 뚜렷하게 보게 됩니다. 즉, 초월주의가 주장하는 것은 신성한 경험이나 깨달음을 얻기 위해 특별한 장소나 중간자가 필요하지 않다는 것입니다. 그는 교회에 가거나 목사의 설교를 들을 필요 없이, 자연 속에서 혹은 일상 속에서도 충분히 이런 초월적 순간을 경험할 수 있다고 강조합니다.

바로 이런 자연과의 교감에서 에머슨의 철학이 탄생했습니다. 꽃이 다른 꽃을 흉내 내지 않는 것처럼, 자연은 거짓이나 가식 없이 그 자체로 존재합니다. 자연의 모든 존재가 자기 본래의 모습 그대로 살아가는 것을 보며, 에머슨은 인간도 그래야 한다고 생각한 것입니다.

에머슨의 「자연(Nature)」속 '투명한 안구' 그림
— Christopher Pearse Cranch 作 (1813~1892)

에머슨이 강조한 초월주의의 핵심 메시지는 아래의 네 가지로 요약할 수 있습니다.

1. 자기 자신을 신뢰하라.
2. 남들과 다름을 두려워하지 말라.
3. 과거에 얽매이지 말라.
4. 자신 안의 무한한 가능성을 믿어라.

첫째, 자기 자신을 신뢰하라. 자연이 본능을 따라 살아가듯, 우리도 내면의 목소리를 믿어야 합니다. 다른 사람의 조언이나 책 속의 지혜도 좋지만, 가장 중요한 것은 자신의 마음속 목소리를 따르는 것입니다.

둘째, 남들과 다름을 두려워하지 말라. 자연의 모든 존재가 저마다 고유한 모습을 가지고 있듯이, 우리도 사회가 요구하는 틀에 맞추려 하지 말고 자신의 본모습을 당당하게 표현해야 합니다.

셋째, 과거에 얽매이지 말라. 자연은 계절마다 변화하고 성장합니다. 우리도 어제의 생각이나 행동에 얽매여 억지로 일관성을 유지하려 하지 말고, 지금 이 순간 옳다고 믿는 것을 따라야 합니다.

넷째, 자신 안의 무한한 가능성을 믿어라. 작은 씨앗이 거대한 나무로 자라듯이, 인간 역시 주어진 환경에만 좌우되는 존재가 아니라 새로운 세상을 만들어 갈 수 있는 창조적 존재라는 것을 잊지 말아야 합니다.

에머슨의 사상은 많은 이들에게 영향을 주었습니다. 그의 제자이자 작가였던 헨리 데이비드 소로Henry David Thoreau는 자연을 따르라는 가르침을 실천하며 호숫가에서 자급자족의 삶을 살았고, 시인 월트 휘트먼Walt Whitman은 에머슨의 격려를 받으며 당시로는 파격적이었던 자유로운 형식의 시집『풀잎Leaves of Grass』을 세상에 내놓았습니다. 독일의 철학자 프리드리히 니체Friedrich Nietzsche도 에머슨의 자기 신뢰 사상에 큰 영향을 받았습니다.

이렇듯 에머슨이 제시한 초월주의는 사람들의 삶을 변화시키고 새로운 문화를 만들어 내는 강력한 힘이었습니다. 복잡한 이론이 아닌, 누구나 일상에서 실천할 수 있는 삶의 태도였던 것입니다.

자기신뢰에 대한 오해와 진실

에머슨이 제시한 '자기신뢰'라는 개념을 잘못 이해하는 경우도 생길 수 있습니다. 가장 흔한 오해는 자기신뢰를 막연한 자신감이나 근거 없는 낙관주의로 받아들이는 것입니다. 그저 "무조건 자신감을 가져라", "믿으면 된다"와 같은 막연한 격려 정도로만 여기거나, 긍정적으로 생각하기만 하면 모든 것이 해결될 것이라고 단순하게 이해하는 경우가 많습니다.

또 다른 오해는 자기신뢰를 이기주의나 독선으로 해석하는 것입니다. 남의 말은 전혀 듣지 않고 오직 자기 생각만 옳다고 고집하거나, 다른 사람들을 무시하고 혼자만의 세상에서 사는 것이 자기신뢰라고 착각하는 경우도 종종 있습니다. 심지어 "나는 자유롭게 살고 싶어"라는 말을 핑계 삼아, 사회적 의무나 타인에 대한 배려를 소홀히 하는 경우도 생깁니다. 하지만 에머슨이 말하는 자기신뢰는 이런 것들과는 완전히 다릅니다.

먼저, 자기신뢰는 자신에 대한 깊은 성찰에서 비롯됩니다. 내 마음을 깊이 들여다보고 진정으로 옳다고 믿는 바가 무엇인지 끊임없이 탐구해야 하고, 그 과정은 결코 쉽지 않습니다. 두려움과 편견, 그리고 이기심을 정면으로 마주해야 하기 때문입니다. 또한 진정한 자기신뢰는 겸손함을 바탕으로 합니다. 자신이 모든 것을 안다고 착각하지 않고, 언제든 틀릴 수 있음을 인정합니다. 다만 그 순간순간 자신이 믿는 바를 정직하게 따를 뿐입니다.

무엇보다 에머슨의 자기신뢰는 타인과의 진정한 연결을 추구합니다. 자신이 어떤 사람인지를 정확히 알고 그 모습 그대로 진실하게 살아갈 때, 비로소 다른 사람들과도 진실한 관계를 맺을 수 있다는 것입니다. 가면을 쓰고 살면서는 결코 깊은 인간관계를 만들 수 없습니다. 진정한 자기신뢰는 자기중심적인 삶이 아니라, 오히려 세상과 타인에게 더 큰 기여를 할 수 있는 길을 제시하는 것입니다.

> **결국 성스러운 것은
> 자신의 생각에 대한 온전한 믿음뿐이다.**
> Nothing is at last sacred but the integrity of your own mind.
> ―「자기신뢰(Self-Reliance)」,「에세이 제1집(Essays: First Series)」

결국 에머슨의 자기신뢰는 용기 있는 삶을 의미합니다. 사회의 시선이나 기대에 휘둘리지 않으면서도 자신이 진정으로 옳다고 믿는 바를 실천하는 것입니다. 실패할 수도 있고 외로울 수도 있지만, 그럼에도 불구하고 자신의 길을 걸어가는 용기 말입니다.

'자기신뢰'에 대한 오해	'자기신뢰'의 본질
막연한 자신감	자신에 대한 깊은 성찰
근거 없는 낙관주의	겸손함
이기주의, 독선	타인과의 진정한 연결

우리는 왜 다시 에머슨을 읽는가

약 200년이 지난 지금, 에머슨의 메시지는 현대 사회를 살아가는 우리에게 더욱 절실하게 다가옵니다. 우리는 SNS와 미디어 등을 통해 끊임없이 다른 사람들과 자신을 비교합니다. 에머슨은 이미 19세기에 '다른 사람들과 똑같이 살아야 한다는 압력'에 굴복하면 안된다고 경고했는데, 이 '사회로부터의 순응 압력'은 지금에 와서 더 강력해진 것만 같습니다.

또한 정보가 넘쳐나는 시대에, 정작 자기 내면의 목소리에 귀를 기울이는 일은 더 어려워졌습니다. 수많은 전문가들의 조언, 성공한 사람들의 비법, 자기계발서의 공식들이 쏟아지지만 정작 "나는 무엇을 원하는가?", "나에게 진정 중요한 것은 무엇인가?"라는 근본적인 질문에 쉽게 답할 수 있는 사람은 그리 많지 않을 것입니다.

에머슨은 남들이 정해 놓은 기준에 자신을 억지로 끼워 맞추지 말고, 자기만의 속도와 방향으로 나아가야 한다고 말합니다. 그는 또한 거창한 목표나 특별한 재능 없이도 삶은 충분히 빛날 수 있다고 강조합니다. 우리가 사는 하루하루, 평범해 보이는 순간들 속에는 자기 자신에게 진실하게 살아가는 사람만이 느낄 수 있는 깊은 의미와 아름다움이 숨어 있기 때문입니다.

오늘날 우리가 다시 에머슨을 읽어야 하는 이유가 바로 여기에 있습니다. 자기 자신으로 살아가는 일은 여전히 어렵고, 그래서 여전히 절실하기 때문입니다.

『초역 자기신뢰』를 쓰며

『초역 자기신뢰』는 에머슨의 대표작인 「자기신뢰 Self-Reliance」를 중심으로, 「보상 Compensation」, 「원 Circles」, 「초월적 영혼 The Over-Soul」, 「영웅적 자질 Heroism」, 「사랑 Love」, 「예술 Art」, 「길가의 고찰들 Considerations by the Way」 등 그의 주요 에세이에서 오늘날 우리에게 꼭 필요한 메시지를 뽑아 엮은 책입니다. 여러 글에 흩어져 있던 사유들을 '자기신뢰'라는 하나의 주제로 묶어, 더 체계적이고 실용적인 인생 철학으로 풀어 내고자 했습니다.

에머슨의 말들을 초역으로 옮기며 그의 메시지가 단순한 성공 비법이나 자기계발론으로 비치지 않도록 특히 주의했습니다. 그가 말하는 자기신뢰는 외적인 성공을 위한 도구가 아니라, 오롯이 자기 자신으로 살아가기 위한 삶의 태도이기 때문입니다. 때로는 더 외롭고 힘든 길일 수도 있지만, 그 과정에서 얻게 되는 내적인 평온과 만족은 어떤 것과도 바꿀 수 없는 소중한 가치가 될 것입니다.

이 책이 여러분에게 자신 내면의 목소리에 귀를 기울이는 계기가 되었으면 합니다. 남들의 기대에 맞추느라 지친 분들, 자신이 누구인지 혼란스러운 분들, 나만의 인생을 살고 싶지만 두려운 분들이 한 걸음이라도 내디딜 수 있기를 간절히 바랍니다. 답은 멀리 있지 않고, 바로 여러분 안에 있습니다. 이제 그것을 믿을 용기만 있으면 됩니다.

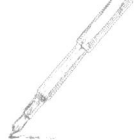

차례

랄프 왈도 에머슨 | 2

초월주의 | 5

자기신뢰에 대한 오해와 진실 | 9

우리는 왜 다시 에머슨을 읽는가 | 11

『초역 자기신뢰』를 쓰며 | 12

1부 나를 믿는 것부터 시작하라

스스로를 진심으로 믿어 본 적이 있는가 | 22

세상은 나를 중심으로 완성된다 | 24

정해진 길에서 벗어나는 용기 | 26

나의 실수나 한계를 인정하는 것 | 28

순응을 거부하고 나답게 살기 | 30

나의 속도로 살아가기 | 32

이리저리 휘둘리지 않고 중심을 지키는 사람 | 34

혼돈 속에서도 나를 믿고 나아가라 | 36

나는 생각보다 더 현명하다 | 38

영웅은 자기 자신을 믿는 사람이다 | 40

나에게도 위대한 성공을 이룰 자격이 있다 | 42

자기확신을 가진 사람의 매력 | 44

억지로 결론을 찾으려 하지 않기 | 46

나만의 길을 발견하는 순간 | 48

남들에게 설명할 수 없는 나만의 직감일지라도 | 50

2부 | 타인에게 휘둘리지 말라

다른 사람을 우상처럼 떠받들지 말라 | 54
위대함이란 오해받는 것이다 | 56
남들이 그린 궤도에서 이탈하기 | 58
서로 빛을 잃지 않는 관계 | 60
나에 대한 타인의 평가에 반응하지 말라 | 62
급하다고 다 내 일이 아니다 | 64
할 말은 하는 사람이 되기 | 66
모든 관계에는 적당한 거리 두기가 필요하다 | 68
잘 보이기 위한 '나'를 연기하고 있다면 | 70
세상에 나 혼자인 것 같을 때 | 72
의지할 곳 없는 사람만이 강해진다 | 74
친밀함 속에서도 나를 지키는 법 | 76
흉내 낸다고 셰익스피어가 될 수는 없다 | 78
아첨하기보다는 쓴소리를 하는 게 낫다 | 80
남들의 시선만 신경 쓰다가는 | 82
다른 길을 걷는다고 틀린 것은 아니다 | 84

| 3부 | **나의 믿음을 행동으로 옮겨라** |

된다고 믿으면 된다 | 88

시도하지 않으면 아무 일도 일어나지 않는다 | 90

오직 나만이 열 수 있는 가능성 | 92

남의 이야기가 아닌 내 이야기를 하기 | 94

진정한 확신은 스스로를 증명한다 | 96

이득에는 반드시 그만큼의 대가를 치러야 한다 | 98

보이지 않는 강함을 가진 사람 | 100

매일 솔직한 생각을 기록하라 | 102

알면 두렵지 않다 | 104

일상의 성실함이 비범함을 만든다 | 106

자기확신이 만드는 삶의 차이 | 108

나만이 할 수 있는 일 | 110

가진 만큼 책임져야 한다 | 112

인격은 스스로 드러난다 | 114

4부 시련은 나를 더 강하게 만든다

조롱과 실패를 두려워하지 말라 | 118

흔들려야 비로소 살아 있는 것이다 | 120

시간이 지나면 알게 되는 것들 | 122

놓친 것이 있으면 얻는 것도 있다 | 124

모두가 등을 돌려도 | 126

넘어져야만 보이는 것들 | 128

굴복하지 않는 신념의 힘 | 130

운명을 받아들이는 용기 | 132

예측할 수 없기에 더 살아볼 만한 인생 | 134

세상이 변해도 나의 본질은 변하지 않는다 | 136

고통은 성장의 시작이다 | 138

과거에 머무르지 말라 | 140

공격을 피하지 말고 오히려 그쪽으로 몸을 던져라 | 142

5부 | 불완전해도 괜찮다

어제의 말과 오늘의 말은 다를 수 있다 | 146
이 세상에 완벽한 사람은 없다 | 148
점점 넓어지는 나의 세계 | 150
웃어넘길 줄 아는 여유 | 152
내 결함도 우주의 일부이다 | 154
나의 변덕스러움을 인정하기 | 156
위축되지 말고 솔직하게 말하라 | 158
존재하는 것만으로도 충분하다 | 160
부족함이 주는 선물 | 162
오늘도 실패했다고 느껴진다면 | 164
내가 한 모든 선택은 결국 이어진다 | 166

6부 | 나의 취향이 나를 만든다

사랑할 때 비로소 만나는 나 | 170

그것이 왜 좋은지 설명할 수 없어도 | 172

억지로 감동할 필요는 없다 | 174

사랑에 빠진 사람의 눈 | 176

선한 것이 진정한 아름다움이다 | 178

천천히 살아도 괜찮다는 자연의 말 | 180

예술이 나를 깨우는 순간 | 182

내 마음의 색으로 물드는 세상 | 184

인격이 만드는 예술 | 186

사랑이 나를 완전하게 만든다 | 188

이유 없이 끌리는 것들로부터 | 190

어설픈 노래가 더 마음에 남는 이유 | 192

내가 살아온 삶이 곧 작품이 된다 | 194

나를 믿는 것부터 시작하라

1부

스스로를 진심으로 믿어 본 적이 있는가

「자기신뢰 Self-Reliance」, 『에세이 제1집 Essays: First Series』

> 내가 옳다고 느끼는 것을 믿어라. 자신의 생각을 믿는 것에서 모든 것이 시작된다. 마음 깊이 확신하는 바를 용기 있게 말하면, 내면의 목소리는 결국 세상에 드러난다. 위대한 예술 작품들이 우리에게 가르치는 것도 바로 이것이다. 온 세상이 반대편에 서 있어도 내 직감을 믿고 흔들리지 말라는 것이다.

다수의 의견이 항상 옳은 것은 아니며,
남들과 다른 생각을 한다고 해서 틀린 것도 아닙니다.
때로는 혼자만의 생각이 답일 때도 있고,
남들과의 차이가 당신만의 독특한 관점을 만들어 주기도 합니다.

모든 위대한 예술 작품은
누군가의 독창적인 시선에서 나온 것들입니다.
남들이 보지 않은 것을 보고,
남들이 말하지 못한 것을 말한 결과이지요.
처음에는 이해받지 못했던 생각들이 결국 세상을 바꿨습니다.

그러니 용기를 내어 자신의 생각을 표현해 보세요.
처음에는 어색하고 두려울 수 있지만,
진심을 말하는 목소리에는 힘이 있습니다.
그 힘은 주변 사람들에게도 전달되어,
그들이 당신의 진정성을 느끼게 할 것입니다.

모든 사람이 당신의 반대편에 서 있다 해도 괜찮습니다.
당신의 직감을 가볍게 여기지 마세요.
그 직감이야말로,
당신을 이끌어 갈 가장 단단한 지표가 될 것입니다.

세상은 나를 중심으로 완성된다

「가능성 Prospects」, 『자연 Nature』

> 우리 각자의 내면은 자신만의 공간을 만들어 내고, 그것을 바탕으로 자신만의 세계관을, 나아가 자신만의 이상향까지 창조해 낸다. 세상은 바로 나 자신을 위해 존재한다는 것을 깨달아라. 모든 일들이 나를 중심으로 완벽하게 펼쳐진다. 내가 어떤 사람인가에 따라, 세상은 그에 걸맞게 완전해진다.

때로는 세상이 너무 크고 복잡해서
나 자신은 아주 작은 존재로 느껴질 때가 있습니다.
하지만 다른 관점에서 보면,
이 모든 것이 바로 나만을 위해 마련된 무대일 수도 있습니다.
모든 사건과 만남, 기쁨과 슬픔이
당신을 중심으로 완벽하게 배치된 것이라고 생각해 보세요.

물론 그것들이 항상 달콤하지만은 않습니다.
때로는 견디기 어려운 시련이 찾아오기도 하고
왜 이런 일이 나에게만 일어나는지 이해할 수 없기도 하지만,
모든 것은 당신이라는 존재를 완성하기 위한 거대한 설계입니다.

세상의 크기는 내 마음의 크기와 함께 변합니다.
내가 받아들일 수 있는 만큼 더 많은 것들이 보이기 마련이지요.
마음이 닫혀 있으면 세상도 좁게 느껴지지만,
마음을 활짝 열면 무한한 가능성이 펼쳐집니다.

그러니 마음속에 더 많은 빛과 바람을 들여 보세요.
당신이 상상하지 못했던 새로운 풍경들이 눈앞에 펼쳐질 것입니다.

정해진 길에서 벗어나는 용기

「성격 Character」, 『에세이 제2집 Essays: Second Series』

> 위대한 사람들의 매력을 탐구해 보니 그들은 모두 같은 말을 하고 있었다. "나는 남들의 말을 듣지 않고 내 방식대로 살았다. 단순하고 가난해도 내 것에 만족했기에 이런 매력이 나올 수 있었다." 그들은 남들이 뭐라 해도 자신만의 길을 걸었던 것이다. 자연은 모든 사람을 다르게 만든다.

성공한 사람들에게 비결을 물어보면
의외로 단순한 대답이 돌아옵니다.
"다른 사람의 눈치를 보지 않고 제가 하고 싶은대로 했어요."
즉 남들이 정해 놓은 기준에 맞추려 애쓰지 않았다는 뜻입니다.

우리는 종종 남들의 성공 공식을 그대로 따라 하려고 합니다.
그 길이 안전하고, 이미 검증된 것처럼 보이기 때문이지요.
하지만 아무리 좋고 비싼 옷이라도
나에게 맞지 않으면 어색할 뿐입니다.

같은 나무 한 그루에서도 잎사귀 하나하나가 다른 것처럼,
남들과 다른 길을 가는 것을 두려워하지 마세요.
조금 서툴러도, 그 길이 좁고 험해도 괜찮습니다.
오직 당신만이 갈 수 있는 길에서,
당신의 진짜 매력이 피어날 테니까요.

나의 실수나 한계를 인정하는 것

「자기신뢰 Self-Reliance」, 「에세이 제1집 Essays: First Series」

> 내가 나를 용서하고 승인하면, 세상도 나를 인정할 것이다. 결국 신성한 것은 오직 내 마음의 진실함뿐인데, 전통의 신성함이 내게 무슨 의미가 있겠는가? 내가 오롯이 내 안에서 살아간다면, 그 모든 외부의 권위는 아무 힘이 없다. 혹자는 그런 충동이 선하지 않은 곳에서 올 수도 있다고 경고할지 모르지만, 내가 정말 악마의 자식이라면, 나는 그 악마의 본성대로 살아갈 것이다. 내 본성의 법칙 외에는 어떤 법도 내게 신성할 수 없다.

인생에서 가장 어려운 일 중 하나는
자신의 실수와 한계를 받아들이는 것입니다.

스스로가 완벽하지 못한 것에 대해 끝없이 자책하고,
그 죄책감 속에서 헤어 나오지 못하는 경우가 있습니다.
하지만 자신에 대한 비난은 오히려 성장을 방해할 수 있습니다.
자신감을 잃게 만들고, 앞으로 나아갈 에너지를 빼앗기 때문입니다.

스스로에 대한 진정한 용서는
자신의 실수나 부족함을 정확히 인식하면서도,
그것 때문에 자신을 파괴적으로 비난하지 않는 것입니다.
잘못을 했다면 인정하고 개선하려 노력하되,
그 실수가 내 전부를 규정하도록 내버려두지 않는 것입니다.

스스로를 용서하면,
세상도 더 이상 나를 몰아세우지 못합니다.
내가 나를 먼저 받아들였기에,
외부의 시선이 더는 결정적인 힘을 갖지 못하는 것입니다.

즉 자신을 용서한다는 것은 무책임해지는 것이 아니라,
스스로에게 더 나은 사람이 될 기회를 주는 일입니다.
그 기회를 받아들이면
과거의 실수는 약점이 아니라 힘이 되고,
세상 앞에서 당당한 나로 다시 설 수 있을 것입니다.

순응을 거부하고 나답게 살기

「자기신뢰 Self-Reliance」, 『에세이 제1집 Essays: First Series』

> 혼자 있을 때 들리는 내 마음의 목소리가, 사람들 사이에서는 사라지곤 한다. 사회는 모든 구성원의 진짜 모습을 무너뜨리려 하기 때문이다. 사회가 가장 요구하는 덕목은 순응이며, 사회가 가장 싫어하는 것은 자기 신뢰이다. 사회는 새로운 것을 창조하거나 진실을 말하는 사람보다, 익숙한 것을 더 쉽게 받아들인다. 진정한 개인이 되려면 남들과 다르게 살아야 한다.

우리가 살고 있는 이 사회는 간혹 모순적입니다.
각자의 개성을 존중한다고 하면서도,
모든 사람이 비슷한 틀 안에서 움직이기를 기대합니다.
너무 튀지 않게, 너무 다르지 않게,
모두가 적당히 조화를 이루며 살아가기를 바라면서요.

하지만 그런 기대에 맞추려고 하다 보면
점점 자신이 누구인지 모르게 됩니다.
다른 사람들이 원하는 모습으로만 살다가,
정작 내가 원하는 것이 무엇인지는 흐려지는 것입니다.

진정한 나 자신이 되기 위해서는
사회가 정해 놓은 기준에서 벗어나야 할 때가 있습니다.
다른 사람들의 기대를 거스르고,
외면당할 수도 있는 결정을 감수해야 할 때도 있지요.

세상이 아무리 요란하게 옳다고 말해도,
내 마음이 아니라고 한다면 그곳에 머물지 마세요.
그 정직함을 지키는 것이
진정으로 의미 있는 삶을 사는 방법입니다.

나의 속도로 살아가기

「자기신뢰 Self-Reliance」, 『에세이 제1집 Essays: First Series』

> 인생을 살다 보면 누구나 이런 깨달음을 얻을 때가 온다. "남을 부러워하는 것은 자기 자신을 모르는 것이고, 남을 따라 하는 것은 자기 자신을 죽이는 것이다. 좋든 나쁘든 있는 그대로의 나를 받아들여야 한다."

타인의 성공이나 행복을 보며 문득 질투심을 느낄 때가 있습니다.
나만 제자리에 머무는 듯해 초조해지고,
그들의 삶은 나보다 훨씬 완전해 보이기도 합니다.
하지만 겉모습만 보고 그들을 전부 알 수는 없으며,
그 반짝임 뒤에는 누구도 알 수 없는 고민이 있을지도 모릅니다.

그 사실을 깨닫고 나면,
결국 바라봐야 할 곳은 남이 아니라 나 자신임을 알게 됩니다.
아직 많이 부족하고 이루지 못한 꿈도 있지만,
바로 그 불완전함이 나를 특별하게 만듭니다.

좋든 나쁘든 있는 그대로의 나를 받아들이는 것,
그것이야말로 스스로를 올바로 세우는 길입니다.
나만의 색깔과 리듬은
나만의 속도와 방식으로 걸어가는 길에서만
찾을 수 있기 때문입니다.

남들보다 느릴 수도 있고, 때로는 돌아가야 할 수도 있습니다.
하지만 그 여정 위에서야 비로소,
남의 그림자가 아닌 내 빛으로 설 수 있을 것입니다.

이리저리 휘둘리지 않고 중심을 지키는 사람

「자기신뢰 Self-Reliance」, 『에세이 제1집 Essays: First Series』

> 어떤 것에도 얽매이지 않고 자신의 중심을 지키는 사람은 강력하다. 그의 말은 개인적인 의견이 아니라 누구도 부정할 수 없는 진실이 되어 사람들의 귀에 화살처럼 꽂히고, 그들을 두렵게 만들 것이다.

진정한 설득은 무엇에도 휘둘리지 않는 자기확신에서 나옵니다.
외부의 시선이나 압력에 좌우되지 않고 자신만의 기준을 세운 사람은
이 세상에 남다른 영향력을 발휘합니다.

이런 사람의 목소리에는 특별한 무게가 있습니다.
변명이나 깊이가 얕은 주장이 아니라,
삶을 통해 검증된 신념에서 우러나온 말이기 때문입니다.
그들은 자신의 이익이나 체면을 위해 말하지 않습니다.
오직 그들이 옳다고 믿는 바를 담담하게 전할 뿐입니다.

사람들은 본능적으로 이런 목소리의 진정성을 알아차립니다.
단순한 의견을 넘어서는 진실이 담겨 있음을 감지하는 것입니다.
때로는 그 상황이 불편하거나 두려울 수 있습니다.
많은 사람들이 외면하고 싶어 하는 진실일 수도 있으니까요.

하지만 자신에게 솔직하고 내면이 단단해질수록,
당신의 말은 더 이상 설명이 필요 없는 '진실' 그 자체가 됩니다.
사람들은 그런 말에 자연스럽게 귀를 기울이고,
결국 그것은 세상을 움직이는 힘이 될 것입니다.

혼돈 속에서도 나를 믿고 나아가라

「자기신뢰 Self-Reliance」, 『에세이 제1집 Essays: First Series』

> 자신을 믿어라. 그 믿음은 모든 사람의 마음을 울린다. 지금 이 자리, 이 시대, 그리고 내게 일어나는 모든 일을 받아들여라. 위대한 사람들은 절대적으로 믿을 수 있는 것이 자신의 마음 깊은 곳에 있으며, 그것이 자신의 모든 존재를 이끈다는 것을 알고 있다. 이제 우리도 어른이 되었으니, 같은 운명을 받아들여야 한다. 보호가 필요한 아이가 아니라, 변화를 두려워하는 겁쟁이가 아니라, 위대한 힘에 따라 혼돈과 어둠을 향해 나아가는 길잡이가 되어야 한다.

우리는 종종 스스로를 의심하다가 더 나아가기를 멈추곤 합니다.
"이게 정말 옳은 걸까?"
"나는 이 자리에 어울리는 사람일까?"
머릿속에 끝없이 맴도는 질문들이 도전을 주저하게 만듭니다.

그러나 결국 세상을 움직이는 것은
자기 자신을 끝까지 믿은 사람들입니다.
그리고 그 믿음은 억지로 만들어진 것이 아니라,
지금 이 자리에서 주어진 모든 것을 받아들이는 데서 비롯됩니다.
내가 속한 시대와 환경,
좋지 않은 상황마저도 자신의 일부로 받아들일 때
우리의 마음은 더 단단해집니다.

혼돈과 어둠 속에서도 길을 찾으려는 사람에게는
저절로 빛이 따라오기 마련입니다.
변화를 두려워하지 않고 스스로 길잡이가 되려는 용기,
그것은 결국 다른 사람들의 마음까지 울리는 힘이 됩니다.

그러니 스스로를 의심하기보다는 끝까지 믿어 보세요.
그 믿음은 단순히 마음을 다잡는 구호가 아니라,
넘어져도 다시 일어설 수 있는 힘의 원천이자
언제 어디서든 당신을 지켜 줄 가장 강력한 무기가 될 것입니다.

나는 생각보다 더 현명하다

「초월적 영혼 The Over-Soul」, 『에세이 제1집 Essays: First Series』

> 우리는 우리가 생각하는 것보다 훨씬 현명하다. 우리 안에서 떠오르는 생각과 직관을 억누르거나 의심하지 않고 그대로 따르며 행동한다면, 더 깊은 통찰을 얻게 될 것이다.

우리 안에는 우리가 미처 인식하지 못하는 지혜가 있습니다.
그것은 논리나 분석으로는 설명되지 않지만,
어떤 방향으로 나아가야 할지를 본능적으로 아는 힘입니다.
하지만 우리는 때때로 이 내면의 직관을 억누르고
이 선택이 맞는지 틀린지를 끝없이 따지며 머뭇거립니다.

어떤 순간에는 머릿속 계산보다
그냥 해 보는 행동이 더 깊은 통찰을 가져다줍니다.
책상 앞에서는 아무리 고민해도 알 수 없던 것이,
직접 부딪쳐 보는 과정에서 비로소 보이기 시작하는 것이지요.
발을 내디뎌 보아야 알 수 있는 일이 있고,
직접 부딪혀 보아야 깨닫게 되는 진실이 있습니다.

놀랍게도, 막상 몸을 움직이면
우리가 생각했던 것보다 훨씬 현명하게 길을 찾고
복잡한 문제마저도 단순하게 풀어내는
자신을 발견할 것입니다.

지나친 생각을 멈추고 행동으로 옮겨 보세요.
모든 답은 결국 그 안에 있습니다.

영웅은 자기 자신을 믿는 사람이다

「영웅적 자질 Heroism」, 『에세이 제1집 Essays: First Series』

> 자기신뢰가 영웅의 본질이다. 영웅은 포기하지 않는 사람이며, 논리가 아닌 본능에서 나오는, 굴복하지 않는 용기와 불굴의 정신을 가진다.

영화나 소설에 나오는 영웅들을 떠올려 보세요.
그들이 특별한 이유는 초인적인 능력 때문이 아니라,
마지막 순간까지 자신을 믿고
포기하지 않는 마음을 가졌기 때문입니다.

이런 믿음은 머리로 계산해서 나오는 것이 아닙니다.
논리적으로 따져 보면 포기하는 게 맞는 상황일지라도,
그럴 때마다 그들의 가슴 깊은 곳에서 울리는 목소리가 있습니다.
"아직 끝나지 않았다"는 목소리 말입니다.

평범한 사람들도 이런 순간을 경험합니다.
중요한 시험을 앞두고 모든 게 막막할 때,
새로운 도전 앞에서 두려움이 밀려올 때,
주변 모두가 불가능하다고 할 때...
하지만 이런 상황에서도 계속 나아가는 사람들은
분명 우리 곁에도 존재합니다.

결국 '영웅다움'이란 특별한 사람들만의 것이 아닙니다.
자신의 내면에서 들려오는 소리를 믿고,
그 믿음을 행동으로 옮기는 모든 사람이
영웅이 될 수 있다는 것을 잊지 마세요.

나에게도 위대한 성공을 이룰 자격이 있다

「영웅적 자질 Heroism」, 『에세이 제1집 Essays: First Series』

> 역사 속 위대한 인물들이 우리가 꿈꾸는 완전한 이상을 이루지 못했다고 해서, 나 역시 그 이상에 도달할 수 없다고 생각할 이유는 없다. 더 나은 용기와 더 순수한 진실로, 내가 그 이상을 실현할 수도 있다.

위인이나 유명인을 바라보는 우리의 시선에
묘한 이중성이 존재하는 것 같다고 생각해 본 적 있나요?

한편으로는 그들을 이상화하면서도,
다른 한편으로는 그렇게 위대한 사람들조차
바라던 것을 완벽하게 실현하지는 못했다며
포기의 근거로 삼는 것이지요.
"링컨도, 간디도, 그 누구도 완벽한 세상을 만들지 못했는데
나 같은 사람이 뭘 할 수 있겠어?"라는 체념 말입니다.

그러나 이는 역사에 대한 피상적인 이해에서 비롯된 오류입니다.
과거의 한계를 현재의 절대적 기준으로 삼는 것은
발전할 수 있는 가능성을 차단하는 것과 같고,
이전 세대가 해내지 못했다는 것이
곧 영원한 불가능을 의미하는 것은 아닙니다.

오히려 우리는 선배들의 성취와 실패를 동시에 학습할 수 있는
특권을 누리고 있는 것과 다름없습니다.
그들이 부딪혔던 벽의 정체를 알고 있고,
어떤 접근법이 한계를 드러냈는지도 유추할 수 있기 때문입니다.

그 미완의 기록들은
새로운 돌파구를 찾을 수 있는 중요한 발판입니다.
위대한 인물들의 이야기는 끝나 버렸을지 모르지만,
이제 우리가 그 다음을 쓸 차례입니다.

자기확신을 가진 사람의 매력

「자기신뢰 Self-Reliance」, 『에세이 제1집 Essays: First Series』

> 진정으로 나다운 행동이 사람들을 끌어당기는 이유는 내가 나 스스로에게 가지는 신뢰 때문이다. 그 자기신뢰의 근원은 내 마음 깊은 곳에서 나오는 목소리이고, 이 목소리는 책에서 배운 지식과는 차원이 다른 지혜의 근원이다. 즉 내 안의 목소리에서 모든 행동과 생각이 시작되고, 이 목소리만큼 확실한 것은 없다.

어떤 사람들은 특별한 매력을 가지고 있습니다.
겉으로는 평범해 보이지만,
주변에 자연스럽게 사람들이 모여들게 하는 그런 매력 말입니다.

이런 사람들을 자세히 관찰해 보면
하나의 공통점을 발견할 수 있습니다.
바로 자신이 하는 말과 행동에 대해
강력한 확신이 있다는 점입니다.

다른 사람의 경험이나 책에서 얻은 지식도 물론 가치 있지만,
자신의 내면에서 나오는 신념은
전혀 다른 차원의 힘을 발휘합니다.
그렇기에 내적 확신을 가진 사람들은
다른 사람의 반응을 계산하기보다는,
스스로 옳다고 믿는 생각을 단단하게 펼칠 수 있는 것입니다.

그리고 그런 자기확신이 동력이 되는 이들에게,
사람들은 자연스레 마음을 열게 됩니다.
억지로 설득하려 들지 않아도,
자기 자신을 온전히 믿는 그 조용한 힘이
어떤 화려한 말솜씨보다 더 깊이 전해지기 때문입니다.

억지로 결론을 찾으려 하지 않기

「자기신뢰 Self-Reliance」, 『에세이 제1집 Essays: First Series』

> 진리를 깨닫는다는 것은 억지로 해서 되는 것이 아니고, 그냥 자연스럽게 느껴지는 것이다. 성급한 노력은 헛된 방황과 다름없고, 저절로 떠오르는 감정이나 생각이 더 진실할 수 있다.

많은 이들이 진리를 얻기 위해 애씁니다.
끊임없이 남들의 가르침을 좇으며, 스스로를 몰아붙이지요.
하지만 이런 의도적인 노력들이
오히려 진짜 이해를 방해할 때가 있습니다.
마치 잠들려고 애쓸수록 잠이 오지 않는 것처럼 말입니다.

진정한 깨달음은 계획하지 않은 순간에 찾아올 수 있습니다.
산책을 하다가, 차를 마시다가,
혹은 멍하니 하늘을 보다가 갑자기 무언가가 명확해지는 순간들.
그런 순간의 깨달음은 억지로, 성급하게 만들어 낸 결론보다
훨씬 생생하고 확실합니다.

그러니 지금 당장 결론을 찾으려 너무 애쓰지 마세요.
억지로 깨닫겠다고 발버둥 칠수록 오히려 더 헤매게 될 뿐입니다.
저절로 떠오르는 감정과 생각을 소중히 여기세요.
그런 순간에야 비로소,
진리가 당신에게 조용히 말을 걸어올 것입니다.

나만의 길을 발견하는 순간

「자기신뢰 Self-Reliance」, 『에세이 제1집 Essays: First Series』

진정한 깨달음이 올 때는 남이 걸어간 길이 아닌 나만의 완전히 새로운 길이 보인다. 다른 사람들의 경험이나 사례는 필요 없다. 또한 그러한 깨달음의 순간, 모든 것이 잘될 것이라는 평안을 얻는다.

남들이 이미 닦아 놓은 길은 편합니다.
안전하고, 실패해도 덜 비난받을 수 있으니까요.
우리는 때때로 조금 덜 불안하기 위해,
스스로를 속이며 나와 아무 상관 없는 그 길을 걷기도 합니다.

그리고 남들이 이미 걸어간 길을 벗어날 때가 되면
깊은 공포를 느끼기도 합니다.
스스로 확신하지 못하는 선택을 하면서,
내가 옳은 길을 가고 있는지 불안해하며
자기 자신을 의심했기 때문입니다.

의식 없이 따랐던 남들의 길을 미련 없이 끊어 내면,
오직 나만이 가야 할 방향을 깨닫게 됩니다.
그 순간부터는 더 이상 그 누구의 말도,
그 어떤 상황도 핑계가 되지 않습니다.
오로지 내 판단, 내 본능, 내 결단이 나를 이끌 뿐입니다.

그 불안과 고독을 통과하고 나면,
더 이상 흔들리지 않는 자신을 발견하게 됩니다.
만약 그런 순간이 당신 앞에 찾아온다면,
그것은 분명 당신 삶의 방향을 바꾸는 전환점이 될 것입니다.

남들에게 설명할 수 없는 나만의 직감일지라도

「지성 Intellect」, 『에세이 제1집 Essays: First Series』

때로는 논리보다 직감을 따라야 한다. 논리는 직감이 펼쳐지는 과정일 뿐이므로, 이유를 잘 설명할 수 없어도 끝까지 본능을 믿어야 한다. 끝까지 믿으면 그것이 진리가 되고, 결국 그것이 왜 나를 그토록 사로잡았는지 알게 될 것이다.

가끔 논리적으로는 설명하기 어려운 선택을 할 때가 있습니다.
모든 조건을 따져 보면 다른 결정이 더 합리적일 수 있지만,
마음 깊은 곳에서는 다른 방향을 가리키는 경우입니다.

그저 막연히 느껴지는 찝찝함, 혹은 알 수 없는 확신 같은 것들이
내 마음을 한쪽으로 이끕니다.
그리고 그 직감이야말로,
우리 내면에 숨어 있는 본능적인 지혜입니다.

사람들이 자신의 직감을 신뢰하지 못하는 이유는
그것을 다른 사람에게 설명하기 어렵기 때문입니다.
"왜 그렇게 생각하세요?"라는 질문에
명확한 답을 내놓기 힘들 수는 있지만,
그렇다고 해서 그 느낌이 반드시 틀린 것은 아닙니다.
그러니 설명할 수 없다고 해서
그 느낌을 가볍게 흘려보내지 마세요.

직감은 때때로, 논리보다 먼저 진리를 꿰뚫어 봅니다.
당신 안의 그 조용한 목소리를 끝까지 믿어 보세요.
시간이 지나면, 왜 그 감각을 믿어야 했는지
스스로 납득하게 될 테니까요.

타인에게 휘둘리지 말라

２부

다른 사람을 우상처럼 떠받들지 말라

「우정 Friendship」, 『에세이 제1집 Essays: First Series』

이제 다른 사람을 우상처럼 떠받드는 일은 그만두자. 인간은 본래 완전히 독립적인 존재임을 깨달아야 한다. 누군가를 쫓아다니는 것은 결국 우리 내면의 무언가를 끄집어내려는 본능 때문이다. 다른 사람들도 결국 우리와 같은 평범한 인간일 뿐이다. 우리에게 필요한 모든 것은 이미 우리 안에 있다.

누군가의 태도나 말투, 삶의 방식 등에 끌려
그 사람처럼 되고 싶다고 생각해 본 적 있나요?

그럴 때는 우리가 누군가를 동경하는 진짜 이유를 생각해 보세요.
그 사람의 용기, 창의성, 자신감...
사실 이런 것들은 당신 안에도 이미 있는 것들입니다.
다만 아직 발견하지 못했거나 표현할 용기가 없었을 뿐이지요.

"나는 안 돼", "저 사람은 특별해"와 같은 생각들은
당신 안에 있는 가능성의 문을 스스로 닫아 버리는 말입니다.
그 '특별한' 사람도 당신과 똑같이
불안해하고, 실수하고, 고민하는 평범한 인간이기 때문입니다.

물론 다른 사람에게서 배울 점도 분명히 있습니다.
하지만 그것은 모방이 아니라 영감을 얻는 차원이어야 합니다.
그들의 방식을 따라 하는 게 아니라
내 안의 잠재력을 깨우는 계기로 삼는 것입니다.

가장 중요한 것은 내가 찾고 있던 모든 답이
이미 내 안에 있다는 사실을 깨닫는 것입니다.
다른 사람들에게서 얻으려 했던 확신, 용기, 지혜가
사실은 처음부터 내 것이었다는 것을 잊지 마세요.

위대함이란 오해받는 것이다

「자기신뢰 Self-Reliance」, 「에세이 제1집 Essays: First Series」

위대함이란 오해받는 것이다. 피타고라스, 소크라테스, 예수, 루터, 코페르니쿠스, 갈릴레이, 뉴턴 같은 위대한 인물들도 모두 당대 사람들로부터 오해받고 비난받았다.

지금은 훌륭한 수학자로 존경받는 피타고라스는
당시 신비주의자로 여겨졌고,
과학자였던 코페르니쿠스와 갈릴레이는
지구가 돈다는 사실을 말했다가 이단으로 몰렸습니다.
뉴턴의 혁신적인 물리학 이론들조차
처음에는 수많은 학자들의 의심과 반발을 받았습니다.

이들의 공통점은 무엇일까요?
그들은 모두 기존의 관념을 뒤흔들었습니다.
사람들이 당연하다고 여기던 것들에 의문을 제기했고,
새로운 관점을 제시했습니다.

아이러니하게도, 그들이 그렇게까지 고통받았기에
우리는 후대에 이르러 그들을 '위대한 사람'이라 부를 수 있습니다.
위대함이란 결국 낡은 생각과 부딪히는 힘이고,
그만큼 오해를 동반할 가능성도 높기 때문입니다.

그렇다면 오해받는다는 것이 곧 위대함의 증거일까요?
물론 그렇게 단순하지는 않습니다.
하지만 진정으로 새로운 것을 추구하고 자신만의 길을 걷는다면,
어느 정도의 오해쯤은 기꺼이 감수해야 할 몫일 것입니다.

시간이 지나면 진실은 드러나기 마련이고,
진정한 가치는 결국 인정받게 될 것입니다.
그러니 지금 당장 모든 사람이 당신을 이해해 주지 않더라도,
자신이 옳다고 믿는 길을 계속 걸어가세요.

남들이 그린 궤도에서 이탈하기

「자기신뢰 Self-Reliance」, 『에세이 제1집 Essays: First Series』

> 자기신뢰를 방해하는 두 가지 압력이 있다. 첫째, 남과 다르게 사는 것에 대한 세상의 차가운 시선이다. 하지만 그 시선에 굴복하지 말아야 한다. 둘째, 과거와의 일관성에 대한 압박이다. 다른 사람들은 우리의 과거 행동만을 근거로 우리를 판단하기 때문에, 우리는 "예전에 그랬으니까 지금도 그래야 한다"는 압박을 받는다. 하지만 이런 과거에 대한 맹목적 숭배에서도 벗어나야 한다.

인생에서 나만의 독창적인 길을 걷고자 할 때,
사람들은 종종 "남들은 그렇게 안 해"라고 말합니다.
새로운 방식은 지금까지 믿어 온 질서를 뒤흔들 수 있기 때문입니다.
그래서 우리는 알게 모르게 주변의 시선에 맞추려 애쓰며
자신만의 독특한 모서리를 스스로 깎아 버리곤 합니다.
그러나 남의 기준에 맞추어 사는 순간,
내 안의 자기신뢰는 조금씩 무너집니다.

더 큰 문제는 과거의 내 모습이 현재의 나를 가두려 할 때입니다.
"너는 원래 그런 사람이 아니잖아",
"예전에는 안 그랬는데"와 같은 말들이 변화를 막으려 하지요.
마치 사람은 평생 같은 모습으로 살아야 한다는 규칙이 있는 것처럼요.

스스로에게 물어보세요.
지금 이 순간에도 꼭 예전과 같은 선택을 해야 할 이유가 있을까요?
이것은 결코 즉흥적으로 행동하라는 것이 아니라,
현재의 당신에게 가장 잘 맞는 길을 찾으라는 뜻입니다.

남들이, 그리고 과거가 당신을 규정하게 두지 마세요.
오직 오늘의 당신만이
당신이 가야 할 길을 결정할 수 있습니다.

서로 빛을 잃지 않는 관계

「우정 Friendship」, 『에세이 제1집 Essays: First Series』

> 사람들은 다른 사람과 어울리기 위해 자신을 조금씩 낮춘다. 좋은 관계를 유지하려면 서로 양보해야 하지만, 문제는 양보하는 과정에서 각자가 가진 꽃의 향기 같은 독특하고 아름다운 개성이 사라진다는 점이다.

사람들과 조화롭게 지내려는 마음은 자연스러운 것입니다.
서로에게 맞추고 배려하며 관계를 이어 가야 하지만,
문제는 그것이 지나쳐 어느새 습관이 될 때 발생합니다.

상대방이 불편해할까 봐 진짜 하고 싶은 말은 삼키고,
모두가 좋아할 만한 무난한 이야기만 골라서
하게 된 적이 있지 않나요?

이렇게 모두가 상대에게 발을 맞추다 보면
각자가 가진 선명한 색깔은 점점 흐려질 수밖에 없습니다.
마치 여러 가지 뚜렷한 색깔의 물감을 한데 섞으면
탁한 색으로 변해 버리는 것처럼 말입니다.

모든 상황에서 다른 사람들이 어떻게 받아들일지를
먼저 고려하다 보니,
정작 "나는 어떻게 생각하는가?"라는 질문은
뒷전으로 밀려나게 되지요.

진정한 조화는 서로의 다름을 인정하면서도
함께 어울릴 수 있는 길을 찾는 데 있습니다.
내가 가지고 있는 빛을 받아들이지 못하는 사람과
건강한 관계를 형성할 수 있을까요?
나다운 모습을 지키면서도
다른 사람들과 깊이 있는 관계를 맺을 수 있는 방법은
분명히 존재합니다.
그 길을 찾기 위해서라도, 당신만의 고유한 색을 잃지 마세요.

나에 대한 타인의 평가에 반응하지 말라

「자기신뢰 Self-Reliance」, 『에세이 제1집 Essays: First Series』

> 다른 사람들이 나를 괴롭힐 수 있는 이유는 내가 그들의 행동에 마음을 쓰기 때문이다. 내가 다른 사람의 말과 행동에 반응하지 않으면, 그 누구도 나의 마음을 흔들 수 없다.

누군가가 우리를 화나게 하거나 상처를 줄 때,
기분이 나빠지는 것은 당연합니다.
하지만 그 감정에 계속 머물 필요는 없습니다.
그들이 나에게 던진 말보다 중요한 것은,
내가 그것을 받아들이는 방법이기 때문입니다.

다른 사람의 평가나 기준이 과연 절대적인 진실일까요?
누군가의 잣대는 어디까지나 그 사람만의 것이고,
어제는 옳았다가 오늘은 틀린 것이 바로 사람들의 판단입니다.
그 불안정하고 번덕스러운 기준에 내 마음을 의탁한다면
당신은 언제까지나 흔들릴 수밖에 없지만,
그들의 말과 표정을 기준으로 삼지 않는다면
그들은 더 이상 당신을 괴롭힐 수 없습니다.

그러니 타인의 평가와 기대에 의연히 서 보세요.
좋은 말에도 지나치게 들뜨지 말고,
못마땅한 말에도 함부로 주눅 들지 마세요.
결국 당신의 마음을 움직일 수 있는 사람은
오직 당신 자신뿐입니다.

급하다고 다 내 일이 아니다

「자기신뢰 Self-Reliance」, 『에세이 제1집 Essays: First Series』

> 온 세상이 나를 무너뜨리려는 것 같을 때가 있다. 친구, 일, 가족, 걱정거리까지 모두 내 문을 두드리며 "나와서 좀 봐 줘."라고 말한다. 그렇다고 하더라도, 마음의 중심을 잃지 말고 그 혼란에 휘말리지 말아야 한다.

세상은 언제나 제각각의 걱정으로 떠들썩합니다.
사람들은 누구나 저마다의 무게를 안고 살아가지만,
간혹 친구가, 가족이, 직장이
그 짐을 나에게도 함께 들어 달라며 재촉할 때가 있지요.

하지만, 그들의 급박함이 곧 나의 급박함이 되어서는 안 됩니다.
다른 사람의 감정적 소용돌이에 함께 빨려 들어가면
정작 정말로 도움이 필요한 순간에 힘을 보태지 못할 수도 있고,
내 문제를 돌아볼 여유와 에너지마저 잃게 될지도 모릅니다.

진정한 지혜는 그 모든 소란 속에서도 자신의 자리를 지키며,
무엇이 중요한지를 내 판단으로 구분하는 것입니다.
모든 요구에 즉시 반응하는 것이 아니라,
한 걸음 물러서서 상황을 객관적으로 바라보는 것입니다.

세상의 모든 문제가 긴급해 보일 수 있지만,
실제로는 그렇지 않은 경우가 많습니다.
다른 사람들의 불안이 나에게 전염되지 않도록 조심하세요.
내 마음의 평정을 지켜야, 비로소 정말 도움이 필요한 곳에
가장 의미 있는 손을 내밀 수 있습니다.

할 말은 하는 사람이 되기

「자기신뢰 Self-Reliance」, 『에세이 제1집 Essays: First Series』

> 온 세상이 반대해도 나만이 진짜 존재라는 확신을 가지고 행동하라. 우리는 권위와 조직, 제도 앞에서 너무 쉽게 굴복한다. 당당히 서서, 다른 사람들이 불편해하더라도 진실을 말해야 한다.

불편한 상황을 만드는 사람은 눈치를 받기 마련입니다.
누군가 솔직하게 나서서 모두가 애써 외면하던 문제를 드러내면,
그 불편함을 만든 사람에게 오히려 책임을 돌리려고 하지요.
하지만 그렇다고 해서 모두가 해야 할 말을 삼키고,
틀렸다고 느끼는 것을 덮어 두기만 한다면
결국 우리 모두에게 더 큰 악영향으로 돌아올지도 모릅니다.

진정한 용기는 이런 순간에 드러나는 것입니다.
온 세상이 다른 방향을 가리켜도
내가 옳다고 믿는 것을 말할 수 있는 힘,
비록 혼자일지라도 "나는 이것이 진실이라고 생각한다"라고
당당히 선언할 수 있는 용기 말입니다.

그러니 남들이 불편해하더라도
꼭 해야 할 말이라면 자신 있게 꺼내 보세요.
물론 쉽지 않은 일이고
때로는 견디기 힘들 정도로 따가운 시선을 받을 수도 있지만,
세상을 바꾸는 일은 언제나
자기확신 위에 선 단 한 사람의 목소리에서 시작되니까요.

내가 경험하고 생각한 것들이 가치 있다는 확신,
비록 다른 사람들이 이해하지 못한다 해도
내가 가진 신념과 목소리가 의미 있다는 믿음을 가지고 있다면
우리는 더 이상 주눅 들지 않고
세상 앞에 당당히 설 수 있을 것입니다.

모든 관계에는 적당한 거리 두기가 필요하다

「태도 Manners」, 『에세이 제2집 Essays: Second Series』

> 관계를 맺더라도 너무 친밀해지려 하지 말라. 나는 한 인간의 '섬'이 침범당하지 않기를 바란다. 우리는 올림포스의 신들처럼, 각자의 봉우리에서 거리를 두고 이야기를 나누어야 한다.

어떤 사람과 가까이 지내고 싶으면서도,
막상 너무 가까워지면 답답함을 느낀 적이 있지 않나요?
처음에는 사소한 일상부터 깊은 고민까지,
모든 것을 공유하는 것이 즐거울 수 있습니다.
하지만 시간이 지나면서
이런 관계가 문득 부담스러워지는 순간이 찾아옵니다.

인간관계에도 숨 쉴 틈이 필요합니다.
아무리 좋은 사이라고 해도,
모든 것을 다 공유해야만 유지되는 것은 아닙니다.
각자가 지켜야 할 영역과 선이 있고,
그 경계를 아무렇지 않게 넘어서려 하면
어색함과 피로가 밀려오기 마련입니다.

그래서 오히려 조금은 비밀을 가지고,
자신만의 시간을 지키는 관계가 더 오래갈 수 있습니다.

서로를 구속하지 않기에 함께 있을 때는 더 온전히 머물 수 있고,
떨어져 있을 때조차 편안함을 느낄 수 있습니다.
모든 것을 알려고 하지 않고,
모든 것을 말하려 하지도 않는 것입니다.

그러니 누군가와 더 가까워지고 싶을 때에는
잠시 멈춰서 생각해 보세요.
이 관계에 알맞은 거리는 어디쯤일지,
서로의 자유를 어떻게 지켜 줄 수 있을지 말입니다.

잘 보이기 위한 '나'를 연기하고 있다면

「자기신뢰 Self-Reliance」, 『에세이 제1집 Essays: First Series』

> 나는 나답게 살아야 한다. 다른 사람을 위해 내 모습을 억지로 바꿀 수는 없다. 있는 그대로의 나를 사랑할 수 있다면 우리는 더 행복해질 것이다.

함께 있을 때 말 한마디나 표정 하나에도 신경이 쓰이고,
자연스럽기보다는 조심스러워지는 사람들이 있습니다.
괜히 실수해서 미움받을까 봐, 솔직한 생각을 말했다가
실망스러운 사람으로 보일까 봐 걱정이 앞서죠.
나도 모르게 '잘 보이기 위한 나'를 연기하고 있는 것입니다.

이런 관계가 많아질수록 피로감이 쌓입니다.
매번 다른 버전의 나를 연기해야 하니까요.
문득 이런 생각이 들기도 합니다.
그들이 좋아하는 것은 나일까요,
아니면 내가 만들어 낸 캐릭터일까요?
이렇게 얻은 호감이 과연 무슨 의미가 있을까요?

사람들에게 진짜 나를 보여 줬을 때를 상상해 보세요.
생각만큼 많은 사람이 떠나지 않고,
오히려 더 깊은 관계가 만들어질 수도 있습니다.
그리고 설령 누군가 떠난다 해도,
가짜의 나를 좋아했던 사람을 잃는 것이 정말 아쉬운 일일까요?
만약 누군가가 진짜 나를 받아들이지 못한다면,
더 떳떳할 수 있는 사람이 되기 위해 노력하면 됩니다.

결국 중요한 것은 스스로 내 편이 되어 주는 것입니다.
있는 그대로의 나를 껴안고 조금씩 더 나답게 살아가려 애쓰다 보면,
남의 기준에 맞춘 가짜 웃음 대신
내 안에서 우러나온 웃음을 지을 수 있게 됩니다.
그 웃음을 알아보는 사람들과 함께하는 것이야말로
오래도록 지치지 않고 나답게 살아갈 수 있는 출발점입니다.

세상에 나 혼자인 것 같을 때

「우정 Friendship」, 『에세이 제1집 Essays: First Series』

> 진정한 우정의 기준을 높게 잡을수록 현실에서 그런 관계를 만들기는 더 어려워진다. 하지만 진실한 마음을 가진 사람에게는 숭고한 희망이 있다. 이 세상 어딘가에 우리를 사랑할 수 있고 우리가 사랑할 수 있는 영혼들이 지금도 행동하고, 견디고, 용기를 내고 있다는 희망 말이다. 미숙함과 어리석음, 실수와 부끄러움의 시기를 혼자서 보낸 것을 다행으로 여겨야 한다. 우리가 완성된 인간이 되면 비로소 진짜 친구들, 존경할 수 있는 이들을 만날 수 있을 것이다.

서로의 마음을 깊이 이해하고,
진심으로 소통할 수 있는 친구가 있다는 것은 큰 축복입니다.
또한 진정한 친구를 두는 것은
사람들이 이야기하는 것만큼 쉬운 일도 아니지요.
겉으로는 잘 맞는 듯 보여도, 조금만 들여다보면
나와 마음의 결이 다른 사람도 많으니까요.

하지만 이 넓은 세상 어딘가에는,
분명 나와 비슷한 마음을 가진 사람들이 있을 것입니다.
같은 것에 감동하고, 소중한 가치를 공유하며,
서로의 말을 진정으로 이해할 수 있는 그런 사람들 말입니다.

그러니 지금 당장은 혼자인 것 같아도 너무 걱정하지 마세요.
어쩌면 내가 더 진실해지고 성숙해져야
진짜 친구들을 만날 수 있는 것 아닐까요?

좋은 사람들을 기다리는 것도 인생을 살아가는 하나의 과정입니다.
조급해하지 않으면서 나 자신을 가꿔 나가다 보면,
언젠가 같은 곳을 바라보며 걸어갈 수 있는 사람들과
만나는 순간이 찾아올 것입니다.

의지할 곳 없는 사람만이 강해진다

「자기신뢰 Self-Reliance」, 『에세이 제1집 Essays: First Series』

> 모든 사람은 외부의 도움을 받지 않고 혼자 설 때 비로소 강해진다. 의존할 사람이 많을수록 오히려 나약해지기 때문이다. 혼자여도 자신만의 신념을 가진 한 사람이 남을 따라 하는 수많은 사람들보다 낫지 않은가?

사람은 누구나 의지할 곳이 있으면 마음이 편해집니다.
함께 고민을 나눌 수 있는 누군가가 있다는 사실만으로
당장에 닥친 문제가 조금 더 가볍게 느껴지기도 하지요.

하지만 이런 관계에 의지하는 것이 늘 좋은 것만은 아닙니다.
의존할 사람이 많아질수록
스스로 서는 법을 잊게 되기 때문입니다.
그러면 어려운 결정을 내려야 하는 순간에도
내 마음을 깊이 들여다보기보다는
주변 사람들의 조언을 따라가 버리기 쉽습니다.
자신의 생각보다 남의 말을 더 듣게 되는 것입니다.

그러다 그들이 더 이상 내게 손을 내밀어 주지 못한다면
그제서야 깨닫게 될 것입니다.
혼자 서지 못하는 사람은
끝내 아무 곳에도 설 수 없다는 사실을 말입니다.

아무도 대신 책임져 주지 않는 자리에서
오직 자신의 판단과 신념으로 결정을 내릴 때,
우리는 조금씩 더 단단해집니다.

그러니 사람에 기대어 서는 것은 잠시뿐이어야 합니다.
마음이 흔들릴 때 기댈 수 있는 누군가가 있다는 것은
분명 감사한 일이지만,
그 도움을 빌리지 않고도
혼자 일어설 수 있는 자신이 되어야 합니다.
그것이 앞으로 다가올 어느 순간에도
스스로를 지켜 낼 수 있는 유일한 방법입니다.

친밀함 속에서도 나를 지키는 법

「자기신뢰 Self-Reliance」, 『에세이 제1집 Essays: First Series』

> 친구들이 상처받을 수도 있지만, 그들의 기분을 맞춰 주려고 내 자유를 포기할 수는 없다. 어차피 모든 사람에게는 진리를 깨닫는 순간이 오기 마련이고, 그때가 되면 그들도 나를 이해하고 똑같이 행동할 것이다.

친구와의 관계가 가깝다고 해서 언제나 편하기만 한 것은 아닙니다.
서로를 잘 안다고 해서 함부로 대할 수 있는 것도 아니지요.
오히려 오래도록 관계를 이어 가려면
작은 말투 하나에도 신경 쓰고,
상대의 마음을 헤아리는 세심한 배려가 필요합니다.
아무리 친해도 사람과 사람 사이에는
넘지 말아야 할 선과 지켜야 할 예의가 있으니까요.

하지만 타인의 기분을 맞춰 주기 위해
내 자유까지 포기할 필요는 없습니다.
내가 진짜 원하는 것을 애써 감추면서까지
그저 좋은 사람, 편한 사람으로 남는 것은
나를 점점 작아지게 만들 뿐입니다.

내가 더 이상 그들의 기대에 맞추지 않을 때
그들이 서운해하거나 실망할 수도 있습니다.
오랫동안 유지해 온 관계일수록 더 두렵기도 합니다.

그래도 때로는, 상대를 실망시키더라도
내 마음을 숨기지 않는 것이 더 중요합니다.
관계를 지키기 위해 나를 억누르다 보면,
결국엔 나 자신뿐만 아니라 그 관계도 망가질 수 있습니다.
진짜 편안한 관계는 서로에게 무리해서 맞추는 사이가 아니라,
각자의 진심을 존중할 수 있는 사이임을 잊지 마세요.

흉내 낸다고 셰익스피어가 될 수는 없다

「자기신뢰 Self-Reliance」, 『에세이 제1집 Essays: First Series』

> 셰익스피어를 아무리 따라 해도 셰익스피어가 될 수는 없다. 하지만 내게 맞는 일을 하면, 무한한 가능성이 열린다.

모방에는 치명적인 약점이 있습니다.
겉으로 보이는 것만 따라 할 수 있을 뿐,
그 안에 숨어있는 본질은 완벽하게 따라 하기 어렵다는 점입니다.
성공한 이들이나 그들의 작품 뒤에는
수많은 실패와 시행착오가 있었고,
그들은 그들만의 독특한 철학을 가지고 있습니다.
하지만 모방자들은 결과물만 보고 쉽게 흉내 내려 하지요.

진짜 경쟁력을 갖추기 위해서는
남을 흉내 내는 대신, 자신의 능력을 다듬는 시간이 필요합니다.
나만의 경험과 시행착오를 통해
내가 가진 독특한 관점과 접근법이 스며 있는 나의 방식은,
비록 완벽하지 않더라도 진짜 나의 것이지요.

또한 나와 잘 맞는 일을 할 때,
훌륭한 결과물이 나올 가능성이 높습니다.
어떤 일이 나에게 맞는다는 것은
단순히 내가 그 일을 좋아한다는 의미가 아닙니다.
그 일을 할 때 자연스럽게 몰입하게 되고
더 잘하고 싶다는 열정이 생기며,
노력한 만큼 눈에 띄는 성장이 뒤따를 때를 말하는 것이지요.

내가 노력을 멈추지 않을 때에야 남들보다 빨리 성장하고,
더 창의적인 아이디어가 떠오르게 됩니다.
남의 방식보다는 나다운 방식을 끝까지 밀고 나가 보세요.
자연스럽게 당신만의 경쟁력이 생길 것입니다.

아첨하기보다는 쓴소리를 하는 게 낫다

「우정 Friendship」, 『에세이 제1집 Essays: First Series』

> 친구에게 아첨하기보다는 쓴소리를 하는 게 낫다. 진정한 우정이 성립하려면 서로에게 의존하지 않고도 살아갈 수 있는 독립성이 필요하다. 즉, 상대방 없이도 충분히 살 수 있기 때문에 솔직하고 진실한 조언을 할 수 있는 것이다.

가장 좋은 친구 중 하나는 나에게 가장 솔직한 친구입니다.
내가 듣고 싶어 하는 말만 해 주지 않고,
내가 봐야 하는 것을 깨닫게 해 주는 사람 말입니다.

이런 솔직함이 가능하려면
서로가 스스로 서 있을 줄 아는 사람이어야 합니다.
상대에게 지나치게 의지하지 않기 때문에,
진실을 숨기지 않고 담담히 말할 수 있는 것입니다.

그런 사람들은 친구가 잘못된 길로 가고 있다면
용기 있게 말리고, 현실을 직시하도록 돕습니다.
괜히 돌려 말하거나 서로를 의심할 이유도 없습니다.
필요하다면 기꺼이 쓴소리를 하고,
그 솔직함은 오히려 상대방에게 더 큰 신뢰를 주지요.

그러니 친구가 내게 진심 어린 조언을 해 줄 때,
비록 그 순간에는 조금 아플지 몰라도
돌아서서 생각해 보면 결국 고마운 일일 것입니다.
나를 진심으로 생각하기에
기꺼이 어려운 말을 해 줄 수 있었을 테니까요.

그리고 나 역시 그런 친구가 되어 주면 됩니다.
상대의 기분만 살피는 사람이 아니라,
필요할 때는 조금 따끔하더라도
그 사람에게 진짜 도움이 되는 말을 해 줄 수 있는 친구.
그렇게 서로를 더 좋은 사람으로 만들어 주는 관계가
진실된 우정을 끝까지 지켜 줄 것입니다.

남들의 시선만 신경 쓰다가는

「자기신뢰 Self-Reliance」, 『에세이 제1집 Essays: First Series』

> 내가 해야 하는 일에 집중하는 것이 중요하다. 다른 사람들이 뭐라고 생각하든 상관하지 말라. 이것이 위대한 사람과 비천한 사람을 나누는 기준이다.

살다 보면 주변의 시선이나 평가에 마음이 흔들릴 때가 많지만,
나만의 목표에 집중하는 것은 생각보다 훨씬 중요한 일입니다.
다른 사람들이 나를 어떻게 볼지,
내 선택을 두고 무슨 이야기를 할지,
괜히 신경 쓰며 머뭇거리다 보면
정작 내가 가야 할 길에서 자꾸만 벗어나기 때문입니다.

바쁜 일상에서도 잊지 말아야 하는 것은
내가 무엇을 위해 애쓰고 있는지,
어떤 목표를 향해 한 발씩 내딛고 있는지입니다.
주변 사람들이 뭐라고 생각하든
그것이 내 삶을 대신 책임져 주지는 않으니까요.
그들의 기대나 시선은 언제든 바뀔 수 있지만
내가 선택한 길의 결과만큼은 온전히 나의 몫으로 돌아옵니다.

위대한 사람과 평범한 사람도 결국 여기에서 구분됩니다.
자기 일에 묵묵히 집중하며 외부의 소란에 흔들리지 않는 사람은
어느 순간 더 큰 성취와 단단함을 얻지만,
다른 이들의 평가에 지나치게 마음을 두는 사람은
스스로의 길을 충분히 걸어 보기도 전에
쉽게 지치고 흔들리며 끝내 제자리로 돌아오고 맙니다.

그러니 외부의 상황에 흔들리지 말고,
당신이 해야 할 일에 집중하세요.
그 집중력이야말로 당신을 당신답게 만드는 힘이며,
어떤 상황에서도 결코 빼앗기지 않을 나만의 기준이 될 것입니다.

다른 길을 걷는다고 틀린 것은 아니다

「자기신뢰 Self-Reliance」, 『에세이 제1집 Essays: First Series』

> 당신이 진실한 사람이라 하더라도 나와 생각이 다르다면, 당신의 동료들과 당신만의 길을 가라. 나는 내 길을 가겠다. 이것은 이기심이 아니라, 내가 당신을 진실로 존중하는 방식이다.

가끔은 아무리 좋은 사람이라도
끝까지 함께할 수 없는 순간이 찾아옵니다.
가치관이 다르거나, 방향이 다르거나,
단지 성향이 맞지 않아서일 수도 있죠.
그럴 때 우리는 종종 억지로 관계를 이어 가려 합니다.
당장 헤어짐이 두렵거나,
상대방에게 상처를 남길까 걱정하기 때문입니다.

하지만 그 사람과 꼭 같은 길을 가야 할 이유는 없습니다.
때로는 나란히 걷다가 서로 다른 길로 흩어질 수도 있고,
언제 그랬냐는 듯 자연스레 다시 만날 수도 있습니다.
중요한 것은, 서로의 선택과 방향을 기꺼이 존중하는 일입니다.

상대가 나와 다르다고 해서 틀린 것도 아니고,
서운해할 이유도 없습니다.
오히려 그 다름을 인정하고,
서로의 길을 기꺼이 지켜봐 주는 것이 진짜 성숙한 관계입니다.

그렇게 각자의 길을 걸어가면서 언제든 다시 마주쳤을 때
잘 걸어왔다며 미소 지을 수 있는 사이가 되는 것,
그것이야말로 가장 성숙하고 자유로운 관계일 것입니다.

나의 믿음을
행동으로 옮겨라

3부

된다고 믿으면 된다

「용기 Courage」, 『사회와 고독 Society and Solitude』

> 할 수 있다고 믿는 사람이 결국 이긴다. 한 번 성공해 본 사람은 그 경험을 바탕으로 다시 도전할 용기를 내며, 경험이 쌓일수록 위험을 미리 피할 줄도 알게 된다.

할 수 있다고 믿는 사람은 처음부터 다릅니다.
같은 길을 걸어도, 같은 어려움을 만나도
그 마음가짐 하나가 완전히 다른 결과를 만들어 냅니다.
마음속으로 "할 수 있다"고 확신하는 순간,
이미 반은 이긴 것이나 다름없습니다.
왜냐하면 그 믿음이 행동을 이끌어 내고,
그 행동이 성공적인 결과를 만들어 내기 때문입니다.

한 번이라도 자기 힘으로 무언가를 이루어 본 사람은 압니다.
막연히 바라만 보던 목표가 조금이라도 이루어지고,
나도 해낼 수 있다는 확신이 생겼을 때의 기쁨을 말입니다.
이 확신은 다음 도전 앞에서 주저하지 않게 만들고,
이전에도 해냈으니 이번에도 가능하다는 마음가짐을 줍니다.

더 흥미로운 것은 시행착오를 겪으면서 생기는 직감입니다.
어떤 길이 막다른 길인지,
어떤 선택이 문제를 일으킬지 미리 감지하는 능력이 생겨나지요.
이는 단순한 지식이 아니라 몸으로 체득한 지혜입니다.

결국 승부는 기술이 아니라 자기확신에서 갈립니다.
아직 보이지 않는 결과를 향해 주저 없이 한 발을 내디딘 사람,
그리고 한 번 더 도전하는 것을 두려워하지 않는 사람은
그 경험이 쌓이고 쌓여,
마침내 누구도 꺾을 수 없는 힘을 가지게 될 것입니다.

시도하지 않으면 아무 일도 일어나지 않는다

「1834년 4월 12일」, 『일기 Journal』

우리는 늘 '잘 살기 위한 준비'만 하면서, 정작 지금 이 순간을 제대로 살지는 못한다. 자기 자신을 인정하고 받아들이는 것조차 어려운 일처럼 자꾸 미룬다. 지금의 나로는 아직 부족하다고 느끼고, 더 나은 모습이 되면 그때야 진짜 인생이 시작된다고 믿는다. 하지만 지혜로운 사람은 곧 깨닫게 된다. 머릿속 생각에만 매달릴 때보다, 세상의 흐름에 자연스럽게 몸을 맡길 때 훨씬 더 깊고 큰 힘이 솟아난다는 것을.

지금 하고 싶은 일이 있어도
더 나은 시기, 더 완벽한 조건을 기다리며
하루하루를 흘려보내고 있지는 않나요?

사실 많은 사람들이 자신이 멈춰 있는 이유를
주변 상황 때문이라 여깁니다.
하지만 더 근본적인 이유는
나 자신을 아직 받아들이지 못했기 때문일지도 모릅니다.
지금의 나로는 어딘가 부족하다는 생각,
지금의 나는 아직 준비되지 않았다는 생각이
우리를 계속 머뭇거리게 만듭니다.

하지만 더 큰 힘은, 오랫동안 머릿속에서만 씨름하던 것들에서
한 발 물러날 때 나옵니다.
억지로 모든 것을 통제하려 하지 않고, 조금은 흘러가게 두었을 때
비로소 새로운 생각과 활력이 스며드는 것입니다.

우리의 마음도, 물살에 몸을 맡긴 배처럼
가끔은 자연스러운 흐름에 따라 움직일 줄 알아야 하는지도 모릅니다.
그러다 보면 어느 순간,
준비만 하며 머뭇거리던 때에는 상상도 못 했던 곳에
닿아 있는 자신을 발견하게 될 테니까요.

오직 나만이 열 수 있는 가능성

「자기신뢰 Self-reliance」, 『에세이 제1집 Essays: First Series』

> 각 개인 안에 깃든 힘은 이 세상에 단 한 번 나타나는 독특한 것이다. 그 사람이 무엇을 해낼 수 있을지, 남들은 물론이고 본인조차도 직접 해 보기 전까지는 모른다.

당신 안에 잠들어 있는 가능성은
세상 어디에도 없는 완전히 새로운 것입니다.
다른 사람의 것과 비교할 수도 없고,
책이나 이론으로는 설명할 수도 없는
오직 당신만이 가진 고유한 에너지입니다.

"내가 과연 이걸 할 수 있을까?"라는 질문에 대한 답은
아무도 줄 수 없습니다.
세상의 모든 조언자도, 가장 가까운 사람들도,
심지어 당신의 이성적인 판단조차도
확실한 답을 주지 못합니다.

오직 한 가지 방법만이 있습니다.
바로 직접 해 보는 것입니다.
내가 무엇을 할 수 있는지, 어디까지 나아갈 수 있는지는
결국 나만이 알 수 있습니다.

그러니 아직 드러나지 않은 나의 가능성을
스스로 너무 작게 규정하지 마세요.
조금 두렵더라도 몸소 부딪히고 시도해 봐야
비로소 내 안에 숨겨진 힘을 꺼낼 수 있습니다.

내 안에 잠든 가능성은 움직임 속에서만 깨어납니다.
내가 가진 힘의 크기와 빛깔을 확인할 수 있는 사람도
오직 나 자신뿐임을 잊지 마세요.

남의 이야기가 아닌 내 이야기를 하기

「자기신뢰 Self-reliance」, 『에세이 제1집 Essays: First Series』

> 겁 많고 소심한 사람들은 "내 생각에는 이렇다"라고 말하지 못하고, 위인들의 말만 인용하려 한다.

사람들은 종종 자신의 생각을 꺼내기 두려워합니다.
틀린 말일까 봐, 이상하게 보일까 봐 주저하지요.
그래서 이미 검증된 사람들의 말을 인용하며
그 말 뒤로 슬그머니 숨어 버립니다.

물론, 위대한 사람들의 발자취를 좇는 것은 의미 있는 일입니다.
그들이 남긴 지혜와 성취가 주는 교훈은
우리 삶을 더 풍요롭게 만드는 자양분이 되지요.

하지만 "성공한 누군가가 말하길…"로 시작하는 말들 뒤에는
정작 당신의 생각이 없습니다.

지금 당신이 "이건 좀 비현실적인 얘기 아닐까?",
"틀릴 수도 있잖아"라며 마음속에서 미리 지워 버린 그 말들은,
누군가의 마음을 뛰게 하는 전혀 새로운 이야기일 수도 있습니다.

조금 서툴러도, 유치해 보여도 좋습니다.
당신의 목소리를 내 보세요.
오직 그것이 당신만이 할 수 있는,
세상에 없던 이야기를 열어 주는 길이니까요.

진정한 확신은 스스로를 증명한다

「자기신뢰 Self-reliance」, 『에세이 제1집 Essays: First Series』

> 진정한 믿음에서 나온 행동은 설명이나 변명이 필요 없다. 다른 사람의 눈치를 보며 하는 일은 의미가 없으므로, 확신을 가지고 홀로 행동하라. 과거에 확신을 가지고 한 일들 또한 지금의 내 선택이 옳다는 것을 증명해 줄 것이다.

진정한 행동에는 설명이 필요 없습니다.
남들이 뭐라고 하든, 세상이 어떻게 보든 상관없이
당신 안에서 우러나온 확신으로 한 일이라면,
그것으로 충분합니다.

과거에 당신이 중요한 결정을 내렸던 순간들을 떠올려 보세요.
그때도 누군가는 의심했고, 누군가는 반대했을 겁니다.
하지만 결국 그 선택들이 지금의 당신을 만들었지요.
당신이 믿는 바가 있다면, 그 믿음 하나로 충분합니다.
설명하지 않아도, 변명하지 않아도 괜찮습니다.

진심에서 비롯된 선택은 결국 삶의 방향을 바꿉니다.
그러니 주저하지 말고,
당신이 옳다고 믿는 길을 한 걸음씩 걸어가세요.
누구의 기준도 아닌 당신 자신의 기준으로 나아가세요.

앞으로도 그 믿음을 잃지 않는다면,
지금의 이 선택 역시 언젠가 당신을 당당히 증명해 줄 것입니다.

이득에는 반드시 그만큼의 대가를 치러야 한다

「보상Compensation」, 『에세이 제1집 Essays: First Series』

> 나는 더 이상 내 노력 없이 좋은 물건을 얻고 싶지 않다. 그런 것들이 오히려 새로운 짐이 된다는 것을 알기 때문이다. 이득을 보면 언젠가는 반드시 그만큼의 대가를 치러야 한다.

세상에서 우리가 마주하는 결과는 크게 두 가지입니다.
하나는 내가 직접 결정하고 움직여서 얻은 것이고,
다른 하나는 운처럼 주어진 것입니다.
겉보기에는 후자가 더 좋아 보일 때도 있지만,
실제로 꼭 그렇지만은 않습니다.

내가 직접 선택하지 않은 것들은
아무리 값지고 좋아 보여도
마음 한구석에서 어딘가 불편한 느낌이 들기도 합니다.
내가 바란 것도, 진심으로 믿은 것도 아니었으니
그 결과를 온전히 내 것으로 받아들이기 어려울 때도 있습니다.

반대로 내가 옳다고 믿은 것을 행동으로 옮겨 얻은 결과는
비록 성공으로 이어지지 못했더라도 깊은 만족을 줍니다.
그 안에는 내 판단, 용기, 책임이 담겨 있기 때문입니다.
남이 대신 정해 준 길을 따라간 것이 아니라
내 마음이 가리키는 방향으로 스스로 걸어간 흔적이기에 더 값집니다.

무엇보다 스스로 내린 결정이라는 확신이 있기 때문에
당당히 누릴 수 있습니다.
누구에게 미안해할 필요도 없고, 나중에 빼앗길 걱정도 없습니다.

결국 진짜 만족은 결과보다는 과정에서 오는 것이 아닐까요?
무언가를 얻기 위해 애쓰는 그 시간들,
때로는 실패하고 다시 도전하는 그 경험들이
돌아보면 더 소중하게 남을 수도 있습니다.

보이지 않는 강함을 가진 사람

「권력 Power」, 『삶의 지침 The Conduct of Life』

> 삶은 자신만의 힘을 찾아 가는 여행이다. 힘을 기를 기회는 곳곳에 널려 있으므로, 진심으로 찾으려는 자는 반드시 어떤 방식으로든 답을 얻게 된다. 다만 세상이 말하는 유능함과 진짜 강함은 다르다. 세상이 칭찬하는 자들은 정보만 모으는 수집가인 경우가 많으며, 진정한 강자는 자신의 감정과 공포를 이성으로 다스릴 줄 아는 사람이다.

세상이 말하는 유능함은 흔히 빠른 성과나 즉각적인 판단력처럼
겉으로 드러나는 능력인 경우가 많습니다.
하지만 그런 능력만으로는, 인생의 긴 여정에서
자신만의 가치와 신념을 끝까지 지키며 살아가는
명예로운 삶을 설명할 수 없습니다.

정말 존경받는 사람은
남들에게 잘 보이는 능력을 갖춘 이가 아니라,
스스로를 다스릴 줄 아는 사람입니다.
쉽게 흥분하지 않고, 작은 불안에도 무너지지 않으며,
조용히 자기 중심을 지키는 사람 말입니다.

강함이란 겉을 어떻게 꾸미느냐가 아니라
내 안의 확신을 얼마나 키워 가느냐에 달린 문제입니다.
즉, 인생에서 가장 큰 승리는 남을 누르는 것이 아니라
끝없이 흔들리는 자기 자신을 이기는 것입니다.
그 싸움에서 조금씩이라도 이겨 낼 수 있다면,
그것이 우리가 살아가는 이유이자
인생이 주는 가장 값진 보상이 될 것입니다.

매일 솔직한 생각을 기록하라

「자기신뢰 Self-reliance」, 『에세이 제1집 Essays: First Series』

> 미래를 계획하거나 과거를 돌아보지 말고, 매일매일 그 순간의 솔직한 생각을 기록해 보라. 내가 의도하지 않았고 지금은 보이지 않더라도, 나중에 보면 분명히 하나의 일관된 내용을 갖추고 있을 것이다.

많은 사람들이 일기를 쓸 때 거창한 목표를 가집니다.
"과거를 반성해 보니 이런 문제가 있었다",
"앞으로 어떻게 살아야겠다"와 같이
스스로의 행동을 분석하고 새로운 결심을 하려 합니다.

하지만 진짜 기록은 훨씬 단순한 데서 시작됩니다.
오늘 무엇을 느꼈는지, 어떤 생각이 들었는지,
무엇이 기억에 남았는지를 그저 있는 그대로 적어 보는 것입니다.
억지로 특별한 의미를 부여하거나,
굳이 교훈을 찾으려 애쓰지 않아도 됩니다.

처음에는 이런 기록들이 그저 흩어진 이야기처럼 보일 수도 있습니다.
하지만 시간이 지나 다시 들여다보면, 그 모든 조각들이 하나로 이어져
당신이 무엇을 소중히 여겼는지, 세상을 어떤 눈으로 바라보았는지가
분명한 일관성을 가지고 드러날 것입니다.

그 흐름은 당신이 진짜로 믿는 것과
말로 다 표현하지 못했던 마음속 진심을
조용히 증명해 주는 증거입니다.

당신의 본질은 하루하루 기록된 그 작은 솔직함 속에서
더 뚜렷하게 보일지도 모릅니다.
그러니 매일 잠시 시간을 내어 오늘의 생각을 숨김없이 써 보세요.
그 기록들은 당신이 생각하는 것보다 더 정직하게,
당신의 이야기를 완성할 것입니다.

알면 두렵지 않다

「용기 Courage」, 『사회와 고독 Society and Solitude』

> 지식을 쌓으면 두려움을 없앨 수 있다. 대부분의 두려움은 잘 모르기 때문에 생기는 막연한 걱정일 뿐이며, 위험한 것이 정확히 무엇인지와 어떻게 대처해야 하는지를 알면 두렵지 않게 된다.

두려움은 대개 잘 알지 못하기 때문에 생깁니다.
막연히 나를 덮칠지도 모른다고 짐작만 하는 것들이
머릿속에서 점점 부풀어 올라 괴물처럼 커져 버리지요.

하지만 그 두려움에 대비할 수 있는 단순한 방법이 있습니다.
할 수 있는 선에서 미리 정보를 찾고 지식을 쌓는 것입니다.
그러면 내가 무엇을 걱정하고 있는지,
그것이 언제, 어떻게 다가올지를 가늠할 수 있게 되고,
막연했던 공포는 훨씬 작아집니다.

때로는 위험이 생각보다 멀리 있거나,
내가 감당할 수 있을 만큼만 다가온다는 사실도 알게 되지요.
위험 자체가 사라지지는 않더라도
그것을 다룰 준비가 되어 있다면
두려움은 훨씬 덜 위협적으로 느껴집니다.

그래서 지식을 쌓는다는 것은
단순히 머릿속을 채우는 일이 아닙니다.
앞으로 닥칠 수 있는 위험 앞에서
덜 흔들리고, 더 현명하게 대처하기 위해
마음을 단단히 준비하는 일입니다.

일상의 성실함이 비범함을 만든다

「영웅적 자질 Heroism」, 『에세이 제1집 Essays: First Series』

> 평범하고 보잘것없는 일에서도 진실하고 바른 마음가짐을 끝까지 지켜 인격을 단련시켜라. 그래야 어떤 시련이 와도 명예롭게 행동할 수 있다.

사람들은 흔히 중요한 순간이 오면
갑자기 용감해지고, 훌륭해질 수 있으리라 생각합니다.
하지만 그것이 생각만큼 쉬운 일일까요?

결정적인 선택은 하루아침에 만들어지지 않습니다.
평범한 날의 작은 태도들이 쌓여
마지막 순간에 그대로 드러나게 되는 것이지요.

아무도 보지 않는 자리에서조차
양심에 부끄럽지 않게 행동하는 습관이 쌓이면,
인격은 서서히 단단해집니다.
그리고 그렇게 다져진 사람만이
삶이 크게 흔들리는 순간에도 흔들리되 쓰러지지 않고,
명예롭게 행동할 수 있습니다.

작은 일이라 해서 가볍게 넘기지 마세요.
보잘것없어 보이는 순간에도
진실하고 바른 마음을 지키려 애쓴다면,
언젠가 당신의 삶을 결정짓는 큰 날에
그 태도가 조용하지만 분명하게 당신을 지켜 줄 것입니다.

자기확신이 만드는 삶의 차이

「영웅적 자질 Heroism」, 「에세이 제1집 Essays: First Series」

> 자기확신을 가진 사람의 삶과 평범한 사람의 삶은 근본적으로 다르다. 누구나 순간적인 감정에 휩쓸릴 수 있지만, 위인은 그런 상황에서도 포기하지 않는다. 자신이 선택한 길이라면 끝까지 걸어가며, 세상의 압력에 굴복해서 타협하는 모습을 보이지 않는다.

자기확신을 가진 사람과 그렇지 않은 사람의 삶은
처음부터 다른 궤도를 그립니다.

자기확신이 부족한 사람은 다른 사람의 눈치를 봅니다.
무엇이 옳은지 스스로 결정하지 못하고,
주변에서 어떻게 생각할지를 먼저 고민합니다.
그래서 선택 앞에서 늘 조심스럽고,
조금이라도 비난받으면 쉽게 흔들립니다.
이러한 태도는 결국 중요한 기회를 놓치게 만들지요.

과감히 한 발 내디뎌야 할 순간에 오히려 물러나고,
"나는 이 정도가 한계인가 보다" 하며 단념하게 됩니다.

반면 자기확신을 가진 사람은 다릅니다.
옳다고 믿는 길이라면 끝까지 밀고 나가고,
실패하더라도 그 안에서 배운 것을 다시 자신의 무기로 만듭니다.
그러니 같은 시간 동안 더 많은 시도와 경험을 쌓고,
더 넓은 세계를 손에 넣게 됩니다.

모든 차이는 결국
"할 수 있다"는 그 단순하지만 강력한 마음가짐에서 시작됩니다.
내가 스스로 한계를 좁힐 때,
누군가는 두려움 속에서도 걸음을 내디디며
자신의 삶을 주체적으로 만들어 간다는 것을 잊지 마세요.

나만이 할 수 있는 일

「영적 법칙 Spiritual Laws」, 『에세이 제1집 Essays: First Series』

> 누구에게나 자신만의 길이 있다. 그리고 그 길은 재능이라는 이름으로 우리를 부른다. 그 길은 남들이 걷지 않은 길이지만 당신에게는 자연스럽게 느껴지고, 끝내고 나면 그 어떤 일보다 값진 성취감으로 당신을 채울 것이다.

모든 사람에게는 저마다 걸어야 할 길이 있습니다.
겉으로는 비슷해 보여도,
각자의 발걸음과 호흡, 가슴속에 품은 생각이 다르기에
그 길은 결국 전혀 다른 모습이 됩니다.

그렇다면 내 길은 어디에 있는 것일까요?
당신 안에 있는 재능과 기질이
조용히 그 방향을 가리키고 있습니다.
남들이 보기에는 대단하지 않을지 몰라도
당신에게는 유난히 쉽고 자연스럽게 느껴지는 것,
시간 가는 줄도 모르고 몰두하게 되는 것,
당신의 길은 그 안에 있습니다.

문제는 많은 사람들이
이 길을 애써 외면하거나 의심한다는 데 있습니다.
세상이 요구하는 기준에 맞추느라
정작 자신이 잘하는 것을 하찮게 여기고,
마음속에서 가장 크게 울리는 목소리를 무시해 버립니다.

남들이 만들어 놓은 틀에 나를 끼워 맞추지 말고,
내 안에서 조용히 울리는 목소리를 따라가 보세요.
그 길에서 누구와도 비교할 수 없는
나만의 색깔을 발견하게 될 테니까요.

가진 만큼 책임져야 한다

「보상Compensation」, 『에세이 제1집 Essays: First Series』

> 우리가 짊어진 책임은 언젠가 반드시 치러야 할 대가가 된다. 그 대가는 잠시 피할 수는 있어도 미루는 것에 불과하고, 결국 나의 빚은 내가 갚게 되어 있다. 높은 지위에 오르면 더 많은 책임이 따르고 부자가 되면 더 많은 사회적 의무가 생기는 것처럼, 더 많은 의무를 지게 되는 성공은 마땅히 두려워해야 한다.

삶은 누구에게나 각자의 몫을 줍니다.
그 몫에는 기회도 있지만, 책임도 함께 담겨 있습니다.
내가 가진 재능, 내가 누리고 있는 시간과 자리는
결코 그냥 주어진 것이 아니며
언제나 그에 걸맞은 의무가 뒤따릅니다.

우리는 때때로 이 사실을 잊은 채
더 많이 가지려고만, 더 높이 올라가려고만 합니다.
맹목적으로 성공을 좇느라
자신에게 주어진 책임을 외면하는 일도 늘어나지요.
그러나 책임은 잠시 미룰 수만 있을 뿐,
끝내 감당해야 하는 사람은 언제나 나 자신입니다.

그래서 현명한 사람은
무턱대고 더 많은 것을 원하지 않습니다.
눈에 띄고 화려해 보이는 성공일수록,
그 안에 담긴 책임도 크다는 것을 알기 때문입니다.

"받은 만큼 나누어야 하고, 누린 만큼 책임져야 한다."
진정한 지혜는 이 단순한 원리를 잊지 않는 데 있습니다.
지금 내가 누리고 있는 모든 것에는
늘 보이지 않는 가격표가 붙어 있다는 사실을
꼭 기억해 두세요.

인격은 스스로 드러난다

「자기신뢰 Self-reliance」, 『에세이 제1집 Essays: First Series』

> 인격은 의지와 상관없이 저절로 드러나는 것이다. 사람들은 선하거나 악한 행동만이 본성을 드러낸다고 생각하지만, 진짜 인격은 매 순간 숨결처럼 퍼져 나가는 것이다. 그러니 애써 좋은 모습을 연출하려 하지 말고, 근본적인 인격 자체를 바르게 세워야 한다.

사람들은 종종 완벽해 보이기 위해 애씁니다.
좋은 사람이라는 평판을 얻으려고 억지로 친절을 베풀거나,
도덕적인 척 스스로를 꾸며 보기도 하지요.
하지만 인격이라는 것은 의식적으로 꾸민다고 해서
단번에 만들어지거나 감쪽같이 속일 수 있는 것이 아닙니다.

인격은 우리가 무심결에 내뱉는 말 한마디,
아무도 보지 않을 때 짓는 표정이나 작은 몸짓 속에
자연스럽게 배어 나오는 것입니다.
그 습관과 태도 안에 그 사람이 지금까지 어떻게 살아왔는지,
무엇을 소중히 여겨왔는지가 그대로 드러나지요.
작은 순간들이 모여 한 사람의 진짜 얼굴을 만들어 가는 것입니다.

그러니 좋은 사람처럼 보이려고 애쓰기보다는
좋은 마음으로 살아가려 애써 보세요.
그 마음이 쌓이고 다져질수록
당신 안의 인격도 자연스럽게 단단해집니다.

완벽한 모습처럼 보이려는 연기보다
조금 서툴러도 진심이 담긴 모습이 더 오래 기억에 남습니다.
스스로의 중심을 바르게 세우고
조금씩 더 나은 방향으로 나아가려는 태도만으로도
당신은 이미 충분히 괜찮은 사람입니다.

시련은 나를 더 강하게 만든다

4부

조롱과 실패를 두려워하지 말라

「경험 Experience」, 『에세이 제2집 Essays: Second Series』

> 조롱받거나 실패해도 괜찮으니 다시 일어나라. 세상은 당신이 스스로의 재능을 현실에서 활용할 수 있는 능력으로 발전시키기를 원한다.

조롱은 새로운 시도에 따라붙는 그림자입니다.
아무도 가지 않은 길을 걷는 사람에게
사람들은 흔히 이상하다거나 미쳤다고 말하지요.
하지만 결국 세상을 바꿔 온 건
그렇게 조금은 이상하고 미친 사람들이었습니다.

조롱은 잠시 지나가는 소음일 뿐,
당신의 가치를 결정하지는 못합니다.
우리는 실패를 통해 배우고, 다시 시도하며 성장합니다.
남들이 당신의 작은 실패를 비웃을까 두려워 걸음을 멈춘다면
당신 안에 있는 가능성은 결국 세상에 드러나지 못하고
사라질 것입니다.

세상이 당신에게 요구하는 것은 완벽함이 아니라,
당신이 가진 재능을 현실에서 제대로 쓰일 수 있는 능력으로
발전시키는 것입니다.
머릿속에만 머무는 가능성은 아무 의미가 없습니다.
수없이 넘어지더라도 다시 일어나 앞으로 나아가는 그 과정에서
비로소 당신의 재능은 현실이 됩니다.

그러니 조롱과 실패를 지나치게 두려워하지 마세요.
넘어져도 괜찮습니다.
당신이 다시 일어나 움직이는 그 순간부터,
세상은 조금씩 당신에게 새로운 길을 내어 줄 것입니다.

흔들려야 비로소 살아 있는 것이다

「원 Circles」, 『에세이 제1집 Essays: First Series』

> 사람들은 안정적인 삶을 원하지만, 오히려 불안정할 때 희망이 있다. 겉으로는 질서정연해 보이는 인생이라도, 모든 것은 끊임없이 움직이며 변화하고 있다. 영원함은 변하지 않는 것이 아니라, 다만 천천히 흐르는 변화일 뿐이다.

사람들이 두려워하는 것 중 하나는 불확실성입니다.
언제까지 이 직장에 다닐 수 있을지,
언제까지 이 관계가 지속될지,
언제까지 건강할 수 있을지…

하지만 생각해 보세요.
모든 것이 정해져 있고, 변할 가능성이 없다면
그 안에 무슨 희망이 있을까요?
지금의 상황이 영원히 계속된다면
더 나아질 가능성도 없는 것이 아닐까요?

불안정하다는 것은, 달리 말하면 변화할 수 있다는 뜻입니다.
우리가 보기에는 영원할 것 같은 것들도
실제로는 매 순간 조금씩 변하고 있습니다.
산은 깎이고, 바다는 움직이며, 별들조차 끊임없이 자리를 바꿉니다.
다만 그 변화가 너무 느려서 우리가 눈치채지 못할 뿐입니다.

인생도 마찬가지입니다.
보이지 않는 곳에서 새로운 가능성이 자라나고,
예상하지 못한 기회가 준비되고 있습니다.
그러니 아무리 절망적인 상황이라도 희망을 놓지 마세요.
아무리 어두운 밤도, 아무리 추운 겨울도,
영원하지는 않으니까요.

시간이 지나면 알게 되는 것들

「보상Compensation」, 『에세이 제1집 Essays: First Series』

> 병에 걸리거나, 다치거나, 크게 실망하거나, 재산을 잃거나, 친구를 잃는 일은, 당장은 그냥 손해로만 느껴진다. 하지만 오랜 시간이 지나고 나서 되돌아보면, 이런 불행들이 실제로는 나를 치유하고 성장시켰다는 것을 깨닫게 된다.

우리가 불행이라고 부르는 것들은 어쩌면
삶이 우리에게 주는 특별한 수업일지도 모릅니다.
"너는 지금보다 더 강해질 수 있어."라고 속삭이는
초대장 같은 것 말입니다.

애써 불행을 밀어내거나 부정하려 하지 말고,
나 자신을 제대로 마주 보고 물어보세요.
"삶이 나에게 무엇을 알려 주려고 하는 걸까?"

물론 아픔과 슬픔이 바로 사라지지는 않겠지만
그 안에서 다른 것을 발견할 수 있을지도 모릅니다.
내가 얼마나 회복력이 있는 사람인지,
내가 얼마나 사랑받고 있는지,
또 내가 얼마나 소중한 존재인지를 말입니다.

결국 우리가 불행이라고 부르는 것들은
우리를 더 완전한 인간으로 만들어 줄 삶의 조각일지도 모릅니다.
시간이 흘러 지난날을 돌아보면,
그때의 불행이 사실은 내가 무엇을 붙들고 살아야 할지를
집요하게 일러 준 수업이었음을 알게 될 것입니다.

놓친 것이 있으면 얻는 것도 있다

「보상 Compensation」, 『에세이 제1집 Essays: First Series』

> 무언가를 놓치면 다른 것을 얻고, 무언가를 얻으면 또 다른 것을 잃는다. 모든 불행의 씨앗 안에는 축복의 싹이 함께 자라고 있다는 것을 잊지 말라.

모든 것을 다 가질 수는 없다는 것을,
모든 일에는 일장일단(一長一短)이 있다는 것을,
삶은 계속해서 가르쳐 주는 것 같습니다.

좋은 직장을 얻었지만 친구들과 만날 시간이 부족해지거나,
연인과 헤어졌지만 새로운 취미에 빠지거나,
힘든 시간이었지만 진짜 소중한 사람들을 알게 되는
그런 일들을 통해 말입니다.

처음에는 이런 변화들을 받아들이기 어려울 수 있습니다.
특히 무언가를 잃었을 때는 더욱 그렇습니다.
그 순간에는, 이 사건이 가져다줄 새로운 가능성이
전혀 보이지 않기 때문입니다.

만약 지금 어떤 것을 잃어서 아프고 허전하다면
그 빈자리를 통해 들어올 새로운 가능성들을 기다려 보세요.
모든 일에는 늘 다음 계절을 준비하는 작은 축복이 함께 들어 있습니다.
그 사실을 믿는 것만으로도 우리는 조금 더 담담히, 그리고 용기 있게
오늘을 살아 낼 수 있을 것입니다.

모두가 등을 돌려도

「영웅적 자질 Heroism」, 『에세이 제1집 Essays: First Series』

> 영웅은 모든 사람이 반대해도 자신의 길을 간다. 때로는 훌륭한 사람들마저 반대하지만 상관없다. 영웅적인 행동은 마음 깊은 곳에서 나오는 목소리를 따르는 것이기 때문이다. 이성이 아니라 본능에서 오는 끈질긴 용기와 단단한 인내가, 평범한 사람을 영웅으로 만든다.

세상에 단 한 사람도 나의 선택을 이해하지 못하고
모두가 한목소리로 반대한다면 어떻게 하실 건가요?
그럼에도 불구하고 마음 깊은 곳에서는
여전히 같은 것을 원한다면 말입니다.

아무도 내 편을 들어 주지 않고,
홀로 자신의 결정을 지켜야 하는 순간은
생각보다 훨씬 외롭고 두렵습니다.
다수의 경고를 무시하는 것은 위험할 수 있고,
내면의 목소리를 따르는 것 또한
상상 이상으로 큰 시련일 수 있기 때문입니다.

그럼에도, 모든 사람이 등을 돌린 그 자리에서
끝까지 자신의 길을 가는 사람은
남들이 갖지 못한 강인함을 스스로 키워 내고 있는 것입니다.

시련이 없었다면 결코 닿을 수 없었을 깊이,
반대에 부딪히지 않았다면 결코 발견하지 못했을 확신이
그 과정을 통해 서서히 배어듭니다.

진정한 위인은 처음부터 흔들림이 없던 사람이 아니라,
수없이 흔들리고 두려워하면서도
결국 자신의 선택을 포기하지 않고 끝까지 걸어간 사람입니다.

넘어져야만 보이는 것들

「보상 Compensation」, 『에세이 제1집 Essays: First Series』

> 우리의 힘은 약점에서 자라난다. 편한 자리에 있으면 나태해지지만, 밀려나고, 괴롭힘을 당하고, 실패할 때에야 비로소 배울 기회가 생긴다. 자기 자신과 마주하고, 무지를 깨닫고, 과한 자만에서 벗어나 절제와 진짜 실력을 갖추게 되는 것이다. 그래서 위대한 사람은 언제나 이런 시련을 받아들일 각오가 되어 있다.

어쩌면 사람은 너무 완벽해지면 곤란할지도 모릅니다.
흠 없이 매끄러운 삶은 우리를 자만하게 만들고,
날카롭던 의식조차 조금씩 무감각해지게 하겠지요.

그래서 때때로 우리에게 정말 필요한 것은
가벼운 굴욕이나 작은 패배 같은 것인지도 모릅니다.
상처받고 고개를 떨구는 그 순간에야
비로소 스스로를 똑바로 보게 되기 때문입니다.

강한 사람들은 이 역설을 잘 압니다.
그래서 시련을 피하기보다, 오히려 담담히 맞을 준비를 합니다.
때로는 언제 닥칠지 모를 불운과 불안을
조용히 기다리는 듯 보이기도 합니다.
그 속에서만 배울 수 있는 것이 있다는 사실을
이미 알고 있기 때문입니다.

만약 약점이 없다면, 더 이상 단단해질 이유도 없습니다.
편안함이 길어지면, 자신의 경계가 어디까지인지조차 모른 채
안락한 방 안에만 갇혀 버릴 수도 있으니까요.

그러니 시련을 애써 피하려고만 하지 마세요.
가끔은 스스로를 불편한 자리로 내몰아 보는 것도 좋습니다.
바로 그곳에서 당신이 어떤 사람인지,
또 어떤 마음으로 세상과 맞서고 있는지를
있는 그대로 마주할 수 있을 테니까요.

굴복하지 않는 신념의 힘

「보상Compensation」, 『에세이 제1집 Essays: First Series』

> 자신의 신념을 위해 고통받는 사람은 절대 굴복하지 않는다. 받는 고통이 클수록 더 많은 사람들이 그를 기억하고, 그가 갇히는 곳조차 성스러운 장소가 된다. 결국 시련이 그 사람을 더 높은 자리로 올려 주는 것이다.

역사가 증명하는 진실이 하나 있습니다.
진정한 신념을 품은 사람은
어떤 시련 앞에서도 무릎 꿇지 않는다는 것입니다.

소크라테스는 독배를 앞에 두고도 자신의 철학을 포기하지 않았고,
간디는 수차례 감옥에 갇히면서도 비폭력 정신을 굽히지 않았습니다.
그들에게 고통은 굴복의 이유가 아니라,
오히려 그들의 신념을 더욱 확고하게 만드는 시험대였습니다.

이런 모습을 보면서 우리는 깨닫게 됩니다.
고통 그 자체가 중요한 것이 아니라,
그 고통이 무엇을 위한 것인가가 더 중요하다는 것을 말입니다.
신념이 없는 사람은 고통에 빠질 뿐이지만,
신념을 가진 사람은 오히려 영웅이 됩니다.

즉, 고통은 거짓을 걸러내는 체와 같습니다.
말뿐인 신념은 시련 앞에 쉽게 무너지지만,
진정한 신념은 고통을 통과하며 더욱 빛납니다.
그래서 역사는 고난을 견딘 사람을 기억하고,
그들이 서 있던 자리를 오래도록 성스럽게 여깁니다.

그러니 지금 마주한 시련이 아무리 힘들어도,
그것이 당신이 지키고 싶은 신념에서 비롯된 것이라면
조금 더 버텨 보세요.
그 고통은 당신을 꺾으려는 게 아니라,
당신의 선택이 옳은지 더 깊이 묻고 다잡게 하는
기회일지도 모릅니다.

운명을 받아들이는 용기

「운명 Fate」, 『삶의 지침 The Conduct of Life』

> 세상에는 아름다운 필연성이 있다. 내게 닥칠 운명은 어차피 피할 수 없고, 내 운명이 아닌 일은 절대 일어나지 않는다. 이 진실을 믿으면 용감해질 수 있다.

아무리 피하려고 해도
결국 마주하게 되는 일들이 있습니다.
반대로, 애써 손에 쥐려 해도
끝내 내 것이 되지 않는 일들도 있지요.

내게 닥칠 운명은 어차피 피할 수 없고,
내 몫이 아닌 일은 아무리 애써도 이루어지지 않는다는 것을
담담히 받아들여야 합니다.

이 사실을 믿으면 마음이 한결 편안해집니다.
불안 때문에 조급해할 필요도 없고,
쓸데없이 두려움에 매달리지도 않게 되지요.
결국 피할 수 없는 일이라면,
그 사실이 오히려 용기를 주기도 합니다.

세상에는 그런 아름다운 필연성이 있습니다.
올 것은 반드시 오고,
갈 것은 아무리 붙잡아도 지나갈 것입니다.
그러니 흔들리지 말고,
지금 내 앞에 주어진 일을 담담히 이어 가면 됩니다.

예측할 수 없기에 더 살아볼 만한 인생

「**경험** Experience」, 『**에세이 제2집** Essays: Second Series』

> 인생은 예상치 못한 일들의 연속이며, 그래서 흥미롭고 살 만한 가치가 있다. 성장 또한 서서히 오는 것이 아니라 어느 순간 갑자기 도약하는 것으로, 시련에 맞서는 충실한 자세가 바로 그 도약의 순간을 만든다.

인생은 놀라움의 연속입니다.
좋은 일도 나쁜 일도 내가 의도하지 않은 순간에 불쑥 들이닥치고,
기대하지 않았던 우연이 삶의 방향을 완전히 바꿔 놓기도 합니다.
어쩌면 그런 예상치 못한 순간들 덕분에
삶은 더 흥미롭고, 살아볼 만한 가치가 있는지도 모릅니다.

성장 또한 마찬가지입니다.
긴 시간 동안 아무 변화 없는 듯 지내다가도
어느 날 문득, 내가 훌쩍 달라져 있다는 것을 깨닫게 됩니다.

하지만 그 도약은 결코 우연이 아닙니다.
불안과 시련 앞에서 무너지지 않으려
묵묵히 하루를 살아 낸 충실함,
조용히 자신의 중심을 붙잡으려 애쓴 태도가
결정적인 순간을 만들어 내는 것입니다.

그러니 지금 아무 일도 없는 것 같아도 너무 실망하지 마세요.
당신이 매일 조금씩 쌓아 올린 마음가짐이
언젠가 전혀 예상치 못한 방식으로
당신을 한층 더 높은 자리로 이끌어 줄 테니까요.

세상이 변해도 나의 본질은 변하지 않는다

「원 Circles」, 『에세이 제1집 Essays: First Series』

복잡한 세상을 살다 보면 새로운 관계와 경험들이 끊임없이 생겨난다. 모든 변화는 새로운 중심과 경계를 만들지만, 그 중심에는 언제나 변하지 않는 '나 자신'이 자리함을 잊지 말라.

삶은 늘 변화를 안고 있습니다.
새로운 사람을 만나고, 처음 겪는 일을 맞이하면서
우리는 날마다 조금씩 달라집니다.
이런 변화들은 때로 혼란스럽고 낯설지만,
그 한가운데에는 변함없는 '나 자신'이 있습니다.

세상이 어떻게 바뀌든
나를 움직이는 진짜 힘은 바깥이 아니라 내 안에 있습니다.
같은 상황에서도 누군가는 흔들리고,
누군가는 단단히 중심을 지키는 것은 그 차이 때문입니다.
내가 무엇을 느끼고, 어떤 태도를 택하느냐에 따라
변화는 나를 흔드는 바람이 될 수도,
더 깊은 나를 만나는 기회가 될 수도 있습니다.

상황이 아무리 복잡하게 얽히고 흘러가도
그 모든 것을 보고 겪은 나 자신과,
내가 붙잡은 마음만은 사라지지 않습니다.
그것이야말로 나를 규정짓는 가장 진실한 기준이니까요.

그러니 변화가 두렵더라도
그 속에서 내가 무엇을 선택하고 있는지,
무엇을 더 가치 있게 여기고 있는지를 살펴보세요.
그 선택들이 모여 결국 당신을 이루고,
앞으로 어떤 일이 다가오더라도 당신을 지탱해 줄 것입니다.

고통은 성장의 시작이다

「보상 Compensation」, 『에세이 제1집 Essays: First Series』

모든 일에는 이유가 있다. 고통과 쾌락이 같은 뿌리에서 나오는 것처럼, 원인과 결과는 떼어낼 수 없는 관계이다. 지금의 시련 또한 훗날 나를 더 강하게 만들 결과의 씨앗을 품고 있다.

씨앗이 땅에 떨어져 썩어 가는 모습을 보면
마치 끝인 것처럼 보입니다.
하지만 그 썩어감 속에서도 새로운 생명이 싹트고 있지요.

근육을 키우는 사람이 아픔을 성과의 증거로 여기는 것처럼,
우리의 삶도 마찬가지입니다.
실패했기에 겸손을 배우고,
상처받았기에 공감할 줄 알게 되며,
절망했기에 희망의 소중함을 깨닫고,
혼자가 되었기에 진정한 자립심을 기를 수 있습니다.

그러니 생각하지 못했던 일이 일어나더라도
너무 두려워하지 마세요.
삶은 우리가 아는 것보다 훨씬 정교하게 얽혀 있고,
고통은 당신이 더 큰 힘을 기를 수 있도록
찾아온 것일지 모릅니다.

과거에 머무르지 말라

「**자기신뢰** Self-reliance」, 『**에세이 제1집** Essays: First Series』

> 과거에 살아왔다는 것보다, 지금 이 순간 살아가고 있다는 것만이 의미 있다. 내 안의 힘은 내가 변화하는 순간, 두려움을 뛰어넘는 순간, 새로운 목표를 향해 달려가는 순간에 생겨난다.

과거의 영광에 안주하지 마세요.
또 과거의 상처에 갇혀있지도 마세요.
'살아왔다'는 것은 이미 끝난 이야기입니다.
더 중요한 것은 지금 이 순간,
우리가 여전히 '살아가고 있다'는 사실입니다.

과거의 나에서 새로운 나로 넘어가려는 순간,
알 수 없는 미래를 향해 과감히 뛰어드는 순간,
목표를 향해 온 몸을 던지는 바로 그 순간을 위해
우리는 살아가고 있는 것입니다.

물론 변화는 두렵습니다.
익숙한 것을 떠나는 일은 언제나 불안하지요.
하지만 잠들어 있던 당신의 잠재력은
바로 그 불안과 두려움을 뚫고 나아갈 때 깨어납니다.
확실한 보장이 있을 때까지 기다리기만 한다면
당신은 영원히 같은 자리를 맴돌 것입니다.

그러니 과거의 기억에 얽매이지 않고
앞으로 나아가야 합니다.
영광이든 상처든 이미 지나간 일일 뿐,
당신을 묶어 둘 힘은 없습니다.
지금 앞에 놓인 두려움을 넘어서는 순간,
비로소 새로운 길이 열리고 더 큰 자신을 만나게 될 것입니다.

공격을 피하지 말고 오히려 그쪽으로 몸을 던져라

「보상 Compensation」, 『에세이 제1집 Essays: First Series』

> 지혜로운 사람은 자신을 공격하는 이들과 싸우지 않는다. 오히려 그들 편에 서서, 그 비난이 가리키는 자신의 약점을 들여다본다. 그리고 모두가 그가 무너졌다고 생각하는 순간, 그는 이미 더 단단해진 채, 다음 자리로 나아가 있을 것이다.

때때로 우리는 외부로부터 날아드는 비난에 흔들립니다.
그 말들이 내가 부족한 존재임을 증명하는 것 같고,
비난에 맞설 자신이 없어 조용히 물러서고 싶어질 때도 있습니다.

하지만 그 말속에 내가 미처 보지 못했던 나의 결점이 있다면,
그것을 외면하지 않고 마주하는 용기가
나를 성장시키는 원동력이 됩니다.

오히려 정면으로 돌파하고 도전을 마주해야
이전과는 다른 단단함이 서서히 자리 잡기 시작합니다.
처음에는 날카롭게 파고들던 비난과 상처들은
시간이 지나며 아물고 흉터로 남습니다.
그 흉터는 내가 견뎌 냈다는 흔적이자
다시 흔들리지 않게 붙잡는 힘이 되어,
오히려 나를 더욱 단단하게 세워 주는 것입니다.

그러니 공격을 피하지 말고,
오히려 그쪽으로 한 발 더 다가서 보세요.
흔들림 속에서도 자신을 포기하지 않는다면,
어느새 한 뼘 더 자란 자신을 마주하게 될 것입니다.

불완전해도 괜찮다

5부

어제의 말과 오늘의 말은 다를 수 있다

「자기신뢰 Self-Reliance」, 『에세이 제1집 Essays: First Series』

왜 과거에 얽매여 살아야 하는가? 일관성에 집착하지 말라. 지금 하려는 말이 예전에 한 말과 모순될까 봐 두려워하지 말라. 과거의 자신과 지금의 자신이 모순되면 어떻단 말인가? 과거가 아닌 현재의 눈으로 판단하며 늘 새로운 마음으로 살아라.

우리는 왜 이렇게 과거에 얽매여 살고 있을까요?
누군가에게 지난날을 들켜서 창피해질까 봐,
혹은 변했다는 이유로 비난받을까 봐,
불안해하고 두려워하며 과거의 나에게 발목을 잡히곤 합니다.

하지만 잘 생각해 보세요.
같은 사람이라도 매 순간 보고 느끼는 것이 달라지는데,
왜 늘 똑같은 생각만 하고 살아야 할까요?
과거의 말과 오늘의 판단이 모순된다 한들,
그게 왜 문제일까요?

우리는 하루에도 몇 번씩 마음이 흔들리고,
같은 것을 보아도 다른 눈으로 이해할 수 있습니다.
오히려 자신의 생각을 과거에 묶어 두지 않고
지금 이 순간의 눈으로 다시 바라볼 줄 아는 사람,
그런 사람이야말로 늘 새로울 수 있습니다.

과거에 한 선택이 지금의 나를 설명해 주기도 하지만,
그것이 앞으로의 모든 나까지 결정짓게 내버려두지는 마세요.
당신은 언제든 새로 시작할 수 있습니다.

스스로에게조차 예측되지 않는 모습으로 발전해 나가는 것이
우리가 가진 가장 큰 자유이자 특권입니다.
어제의 당신이 오늘의 전부는 아니니까요.

이 세상에 완벽한 사람은 없다

「유명론자와 실재론자 Nominalist and Realist」, 『에세이 제2집 Essays: Second Series』

> 우리는 타인의 재능이나 가능성을 볼 때, 그 사람 전체를 과도하게 이상화하는 경향이 있다. 한 분야에서 탁월한 능력이나 재주를 보이는 사람은 어렵지 않게 만날 수 있지만, 모든 영역에서 고루 뛰어나고 흠잡을 데 없이 완전한 사람은 존재하지 않는다. 모든 인간은 저마다 지니고 있는 독특하고 빛나는 장점을 통해, 사회 속에서 자신만의 역할과 의미를 찾아간다.

누군가가 한 분야에서 뛰어난 모습을 보이면,
우리는 그 사람이 모든 일을 잘할 것이라고 기대하거나
완벽한 존재일 것이라고 착각하기 쉽습니다.

하지만 현실은 그렇지 않습니다.
역사에 이름을 남긴 위대한 인물들도,
눈부신 재능으로 우리를 감탄시키는 사람들도
결코 모든 면에서 완벽하지는 않습니다.
오히려 한쪽이 뛰어날수록
다른 쪽은 부족한 경우가 더 많기도 합니다.

그러므로 모든 영역에서 완벽해야 한다는
부담감을 가질 필요가 없습니다.
누구나 약점과 한계를 가지고 있으니까요.

중요한 것은 내가 가진 빛나는 면입니다.
그것만으로도 충분히 가치 있고,
그 빛을 통해 세상에 나만의 몫을 더할 수 있습니다.
이 세상은, 저마다 다른 빛을 지닌 사람들이 모여
서로의 부족함을 채우며 완성되는 것이기 때문입니다.

점점 넓어지는 나의 세계

「원 Circles」, 『에세이 제1집 Essays: First Series』

> 우리의 삶은 스스로 끊임없이 확장해 나가는 원과 같다. 지금 당장은 보잘것없이 작은 테두리 안에 갇혀 있다고 느껴질지 모르지만, 우리는 그 작은 출발점에서부터 모든 방향으로 점점 더 넓어진다. 처음에는 거의 알아볼 수 없을 정도로 미미한 고리에서 시작하더라도, 시간이 지나면서 자연스럽게 사방으로 뻗어나가며 더 크고 새로운 경험의 영역들을 품게 되는 것이다.

우리의 삶은 나이테와 같습니다.
아주 작은 중심에서 시작해, 해마다 조금씩 층을 쌓으며 커지지요.
처음에는 답답할 만큼 그 폭이 좁아 보여도,
그 안에는 훨씬 더 크게 자라날 힘이 숨어 있습니다.

그 출발점이 크든 작든, 그 자체가 우리의 기반입니다.
그 자리에서 한 걸음씩 나아가야만
다음의 고리도, 새로운 경험도 비로소 모습을 드러냅니다.

그러니 지금 당신이 선 자리에서
아직 작다고, 아직 미약하다고 스스로를 폄하하지 마세요.
작은 원도 충분히 온전한 하나의 세계이며,
그 안에서 자라난 힘이 언젠가
더 크고 새로운 원을 그릴 수 있는 토대가 될 것입니다.

지금의 경계를 조금씩 밀어내며 확장해 가려는 그 마음을 잃지 마세요.
결국 그렇게 스스로 넓어져 가는 원은,
당신이 살아가는 삶의 가장 진실한 궤적이 될 것입니다.

웃어넘길 줄 아는 여유

「길가의 고찰들 Considerations by the Way」, 『삶의 지침 The Conduct of Life』

> 가끔은 어리석어도 괜찮다. 멍하게 빈둥거려도, 말도 안 되는 농담을 해도, 쓸데없는 말에 웃어도 괜찮다. 의미 없어 보이는 시간 속에서도 삶은 숨 쉬고 있다. 인생은 때로 바보 같을 때 더 아름답다.

모든 말에 의미가 있어야 하고,
모든 행동이 생산적이어야 하고,
모든 감정이 통제되어야 하는 것은 아닙니다.

불완전함은 실패가 아니라, 여유의 다른 말입니다.
멍하니 빈둥거리는 시간,
쓸데없이 깔깔 웃는 순간,
바보 같은 실수마저도
우리 삶에 필요한 '틈'이고 '쉼'이기 때문입니다.

덜 단정한 지금의 나,
조금 느리고 엉뚱한 오늘의 나를 받아들일 때,
그 완벽하지 않은 순간들이 차곡차곡 모여
진정한 나라는 사람을 만들어 갑니다.

우리를 더 단단하게 만드는 것은
성공의 순간뿐만 아니라, 이 어설프고 엉성한 시간들입니다.
하루를 헛되이 보냈다고 느끼는 날에도,
내 안에서는 분명히 무언가가 자라 내일을 준비하는 힘이 될 것입니다.

내 결함도 우주의 일부이다

「보상Compensation」, 『에세이 제1집 Essays: First Series』

> 세상은 본래 둘로 나뉜 구조로 되어 있어서, 모든 것은 그 자체로는 완전하지 않고 반대편에 있는 다른 것과 짝을 이루어야 한다. 정신과 물질, 주관과 객관, 안과 밖, 움직임과 멈춤, 긍정과 부정이 그러하다. 그러므로 온전함에 도달하려 애쓰는 것은 오히려 우주의 근본 원리에 거스르는 일이다.

우리는 빛과 그림자를 함께 지닌 존재입니다.
밝은 면만으로는 한 사람을 온전히 이해할 수 없고,
어둠이 있다는 사실을 받아들일 때 그 사람의 진짜 모습을 보게 됩니다.
즉 그림자는 결함이 아니라,
빛이 얼마나 선명한지를 보여주는 또 다른 방식일 뿐입니다.

이 세상의 모든 것이 그렇습니다.
위가 있으면 아래가 있고, 안이 있으면 밖이 있고,
시작이 있으면 끝이 있는 것처럼요.
쉼표 없이는 선율의 아름다움을 느낄 수 없는 것처럼,
우리 안에도 빈 공간이 있어야
다른 무언가의 의미가 더욱 선명해집니다.

가끔씩 느껴지는 공허함도 마찬가지입니다.
그것은 결함이 아니라
나라는 존재를 이루는 본질적인 한 부분입니다.
그러니 자신을 억지로 완성시키려 애쓰지 마세요.

나의 변덕스러움을 인정하기

「원 Circles」, 『에세이 제1집 Essays: First Series』

> 우리의 기분은 변덕스럽다. 어제의 나와 오늘의 나는 전혀 다른 생각을 하며, 어제의 확신을 오늘은 부정하기도 한다. 그러니 우리 스스로를 너무 거창하게 여기지 말고, 더 큰 흐름 앞에 얌전히 물러나라. 어제 배운 지혜를 잠시 잊고, 오늘 새롭게 들려오는 목소리에 마음을 열어라.

우리의 생각은 참 변덕스럽습니다.
어제는 분명 옳다고 믿었던 것이
오늘은 아무 의미 없이 느껴지기도 하고,
어제는 그렇게 싫었던 것이
오늘은 괜히 마음이 쓰여 애틋해지기도 합니다.

내가 옳다는 자만심도 마찬가지입니다.
어제까지는 맞았던 것이 오늘은 틀린 것으로 드러날 수도 있고,
지금은 완벽하다고 여기는 판단이
내일은 우스꽝스럽게 보일 수도 있습니다.

따라서 어제의 나를 끝까지 지키려 애쓰기보다는,
오늘 내게 다가오는 것을 두려움 없이 맞이할 수 있는
용기를 가지는 것이 더 중요합니다.

진정한 지혜는 고집이 아니라 유연함에서,
확신이 아니라 열린 마음에서 나옵니다.
손에 꼭 쥔 것을 내려놓아야 비로소 새로운 것을 쥘 수 있고,
어제의 생각을 잠시 내려놓아야
오늘의 깨달음이 들어올 자리가 생깁니다.

매일 새롭게 변하는 자신을 두려워하지 마세요.
내 안의 낡은 것을 비워낼 때마다,
세상은 어김없이 더 신선한 깨달음을 건네줄 것입니다.

위축되지 말고 솔직하게 말하라

「자기신뢰 Self-Reliance」, 『에세이 제1집 Essays: First Series』

> 자신의 진정한 가치를 깨닫고 당당하게 살아가라. 다른 사람의 눈치를 보며 숨어 다니거나, 마치 동정을 구하는 사람처럼 위축되어 살지 말라. 빚에 쪼들린 사람이나 어디에도 속하지 못한 채 어정쩡하게 끼어든 사람처럼 주저주저하며 살 필요가 없다. 지금 이 순간 자신이 진실로 믿는 바를 솔직하게 말하라. 그것이 거칠고 듣기 불편한 말일지라도, 피하지 말고 분명하게 표현하라.

우리는 때때로 자신을 과소평가합니다.
남에게 폐를 끼치는 건 아닐까,
괜히 분위기를 어색하게 만드는 건 아닐까 눈치를 보며
진심을 말하기보다는 듣기 좋은 말을 하기도 합니다.

하지만 이런 태도는 자신을 작아지게 만들 뿐입니다.
당신은 누구에게 빚진 사람도, 동정받아야 할 사람도,
숨어서 살아야 할 사람도 아닙니다.
당신에게는 분명한 가치와 고유한 생각이 있고,
세상에 전해야 할 목소리가 있습니다.

그러니 스스로를 믿고 당당히 말해 보세요.
지금 이 순간 당신이 진심으로 믿는 바를,
완벽하진 않더라도 분명하게 표현하는 겁니다.
다소 거칠고 날카로운 말일지라도,
누군가에게는 불편한 진실일지라도 피하지 마세요.
진정성 있는 한마디가
백 마디 눈치 보는 말보다 훨씬 가치 있으니까요.

존재하는 것만으로도 충분하다

「길가의 고찰들 Considerations by the Way」, 『삶의 지침 The Conduct of Life』

> 마음이 건강한 사람은 스스로를 의심하지 않는다. 내가 존재한다는 것은 세상이 나를 필요로 한다는 가장 확실한 증거이고, 필요한 특성들이 내 안에 이미 다 갖춰져 있다는 뜻이다. 우리가 여기 있다는 사실 자체가, 우리가 여기에 있어야 한다는 완벽한 증명임을 잊지 말라.

우리는 때로 어떤 특별한 자격을 갖춰야만
이 세상을 잘 살아갈 수 있다고 느낍니다.
더 유능해야 하고, 더 가진 것이 많아야
존재할 이유가 있다고 착각하기도 하지요.

하지만 진실은 단순합니다.
당신이 지금 숨 쉬고 있고, 여기에 있다는 것만으로도
이미 이 세상에 없어서는 안 될 퍼즐 조각이라는 것입니다.

완벽해질 필요도, 끊임없이 자신을 증명하려 애쓸 필요도 없습니다.
우주가 당신에게 숨을 불어넣고 삶을 허락했다는 것,
그 자체가 가장 분명하고 논리적인 증거입니다.

마음이 건강한 사람은 바깥의 기준보다 자신의 존재 자체를 신뢰합니다.
"나는 지금 여기에 있고, 그 자체로 충분하다."
이 단순한 문장을 마음에 품고 살아간다면
마음이 흔들릴 때마다 중심을 되찾을 수 있을 것입니다.

부족함이 주는 선물

「보상 Compensation」, 『에세이 제1집 Essays: First Series』

> 우리가 자랑하는 것들은 결국 발목을 잡는다. 똑똑하다고 자만하면 더 이상 배우지 않게 되고, 잘생겼다고 우쭐하면 내면을 기르지 않게 된다. 반대로 우리가 숨기고 싶어 하는 약점들이야말로 보물이나 다름없다. 모임보다 혼자가 편한 사람은 스스로 만족하는 법을 더 잘 배우고, 행동이 느린 사람은 실수를 덜 한다. 상처 입은 굴이 진주로 상처를 감싸듯, 인간도 부족한 점을 통해 더 소중한 것을 만들어 낸다.

우리는 보통 잘하는 것을 중심으로 정체성을 세웁니다.
능력, 성취, 외모, 말투처럼,
사람들에게 보여 주고 싶은 면만을 자랑하지요.
그러나 삶의 진짜 전환점은 오히려 감추고 싶던 부분,
실패했던 순간이나 흔들렸던 마음에서 시작되는 경우가 많습니다.

말이 서툰 사람은 오래 듣는 법을 배웁니다.
감각이 예민한 사람은 타인의 감정을 잘 읽어 냅니다.
빠르게 나아가지 못하는 사람은 오래 버틸 줄 압니다.
전통적인 방식이 맞지 않는 사람은 새로운 접근법을 시도하고,
남들과 다른 관점을 가진 사람은 독창적인 해결책을 제시합니다.

이렇게 약점 속에는 방향이 있고, 서툰 곳에는 가능성이 있습니다.
부족함을 부끄러워하지 말고,
나만이 가진 개성으로 받아들여 자신감을 가지세요.
나를 고치기보다는 있는 그대로 이해하기 시작할 때,
진짜 변화가 시작될 것입니다.

오늘도 실패했다고 느껴진다면

「경험 Experience」, 『에세이 제2집 Essays: Second Series』

> 인간은 언제나 잘못 판단한다. 수많은 계획을 세우고도, 부딪히고, 어긋나고, 크고 작은 실수를 반복한다. 그럼에도 불구하고 결국에는 무언가가 이루어지고, 모두가 조금씩 앞으로 나아간다. 우리는 완벽하지 않지만, 세상은 그런 불완전함 속에서 나아가는 것이다.

오늘도 실패했다고 느끼셨나요?
그렇다면 잘하고 있는 겁니다.
우리는 그렇게 조금씩 틀리면서,
그만큼 단단해지는 중입니다.

실패는 '잘못된 방향'이 아니라 '과정'입니다.
계획은 예상과 다르게 흘러가고,
사람들과의 협업은 엇박자가 나고,
애써 준비한 일이 허무하게 끝날 때도 있지만,
그 안에서도 우리는 계속 배우고 있습니다.

한 개인으로서 우리는 늘 어딘가 부족하고,
항상 무언가를 놓치기 마련입니다.
하지만 그 불완전함 속에서도
여전히 앞으로 나아가고 있다는 사실,
그 사실만으로도 충분합니다.

자책하지 말고, 오늘의 흔들림을 있는 그대로 받아들이세요.
그 불완전한 순간들 속에서, 당신은 분명히 성장하고 있습니다.

내가 한 모든 선택은 결국 이어진다

「자기신뢰 Self-Reliance」, 『에세이 제1집 Essays: First Series』

> 겉보기에는 서로 다르고 일관성 없어 보이는 행동들이라도, 각각이 그 때 그 상황에서 진실하고 자연스러운 것이었다면 결국 하나의 통일된 흐름 안에서 어우러지게 된다.

음표는 서로 다른 높이와 길이를 가지고 있지만,
함께 모이면 하나의 아름다운 곡이 됩니다.
만약 모든 음이 똑같다면, 그것은 음악이 아니라 소음일 것입니다.

자연도 마찬가지입니다.
봄에는 꽃이 피고, 여름에는 풀이 무성해지며,
가을에는 열매를 맺고, 겨울에는 잠이 듭니다.
계절마다 완전히 다른 모습이지만
그 변화 자체가 조화로운 순환입니다.

우리의 삶도 다르지 않습니다.
매 순간 진실한 마음으로 행동하다 보면,
각각의 순간들이 다른 색깔을 가져도
전체적으로는 아름다운 그림을 이룰 것입니다.

그러므로 우리가 할 수 있는 최선은
매 순간을 정직하고 자연스럽게 살아가는 것입니다.
때로는 충동 같고 일관성이 없어 보일지라도
그때그때 마음이 움직이는 방향을 따라
그 순간의 진심에 귀를 기울이는 것 말입니다.

오늘의 내가 어제의 나와
조금 어울리지 않는 것처럼 느껴져도 괜찮습니다.
결국 그 모든 다채로운 순간들이 모여
오직 당신만의 삶이라는 하나의 곡을 완성해 갈 테니까요.

나의 취향이
나를 만든다

6부

사랑할 때 비로소 만나는 나

「초월적 영혼 The Over-Soul」, 『에세이 제1집 Essays: First Series』

우리는 눈과 귀로 받아들이는 감각에 지나치게 의존한 나머지, 시간과 공간이라는 벽이 진짜인 줄 안다. 그것들은 마치 넘을 수 없는 현실처럼 보이지만, 그것은 착각이다. 마음은 사물의 참된 모습을 본다. 영감이 솟을 때, 사랑에 빠졌을 때, 진리를 깨달을 때처럼 깊이 몰입한 순간에는 시간도, 공간도 사라진다. 그때의 '나'는 감각의 한계를 넘는 존재이다.

바쁜 일상 속에서 우리는
진짜 중요한 것보다는 눈앞에 보이는 일,
당장 손에 잡히는 일만이 전부라고 착각하기 쉽습니다.
시계를 보며 시간에 쫓기고,
물리적 거리에 막혀 답답함을 느끼기도 합니다.

하지만 좋아하는 음악을 들을 때,
사랑하는 사람들과 함께할 때,
아름다운 노을을 바라볼 때를 떠올려 보세요.
그 순간, 시간이 멈춘 것 같지 않던가요?
주변의 모든 것이 사라지고 오직 지금만이 전부인 듯한,
그런 순간들 말입니다.

우리 마음이 가진 능력은 이렇게 물리적 한계를 뛰어넘습니다.
무언가에 깊이 빠졌을 때,
우리는 시공간을 초월한 자신을 만나게 됩니다.

그러니 일상 속에서도 마음의 눈을 떠 보세요.
당신은 생각보다 훨씬 자유롭고 무한한 존재입니다.
눈앞에 주어진 한계는 착각일 뿐,
당신의 마음은 그 어떤 감각도 뛰어넘을 수 있습니다.

그것이 왜 좋은지 설명할 수 없어도

「초월적 영혼 The Over-Soul」, 『에세이 제1집 Essays: First Series』

> 내 마음은 언제나 미래를 향해 새로운 세계를 만들어 낸다. 날짜도, 의식도, 특정한 인물도 중요하지 않다. 나는 사회가 정해놓은 틀이나 관습에 얽매이지 않고, 오직 내 안에서 솟아나는 순수한 영감을 따라 움직인다. 비록 그것이 왜 좋은지 명확히 설명하지 못할 때도 있지만, 나는 그 목소리를 의심하지 않는다. 내가 진정으로 사랑하고 창조하는 모든 것은 바로 그 마음의 울림에서 비롯된다. 세상의 모든 잣대는 잠시 스쳐 지나가는 것일 뿐, 진정한 나는 끊임없이 앞으로 나아가며 새로움을 만들어 낸다.

많은 사람들이 '무난한' 것을 선택합니다.
남들이 좋다고 하는 것, 검증된 것, 비판받지 않을 것들 말입니다.
하지만 그런 선택들로는 당신만의 색깔을 만들어 내기 어렵고,
진정한 취향을 발견하기 위해서는 용기가 필요합니다.
때로는 이상하게 보일 수도 있고,
남들에게 설명하기 어려울 수도 있기 때문입니다.

당신이 좋아하는 것들을 한번 살펴보세요.
끌리는 여행지, 자주 찾는 카페, 선호하는 옷 스타일…
이 모든 것이 그냥 우연히 선택된 것일까요?

당신의 취향 하나하나에는 당신만의 세계관이 담겨 있습니다.
남들이 별로라고 하는데도 왜 그것에 끌리는지,
무엇이 당신의 마음을 움직이는지 생각해 보세요.
그 안에 진정한 당신의 모습이 숨어 있습니다.

당신의 마음이 이끄는 대로 선택해 보세요.
유행을 따라가지도 말고,
그렇다고 무조건 반대하지도 말고,
오직 당신 안의 순수한 끌림만을 믿어 보는 것입니다.

좋아하는 것이 분명해질수록 삶도 분명해집니다.
그때부터 매 순간의 선택이 확신으로 이어지고,
당신만의 길 또한 자연스럽게 드러날 테니까요.

억지로 감동할 필요는 없다

「지성 Intellect」, 『에세이 제1집 Essays: First Series』

> 진정한 자기신뢰는 위대한 작가나 책 앞에서도 당당할 수 있는 지성에서 나온다. 아무리 위대한 작가의 작품이라도, 지금 내게 직접적으로 감동을 주지 못한다면 소용이 없는 것이다. 권위나 명성에 휘둘리지 말고, 나의 직접적인 경험과 감동을 믿어라.

만약 당신이 루브르 박물관에 가서 처음으로 '모나리자'를 봤는데,
별다른 감흥이 없다면 어떻게 하실 건가요?
"내가 예술을 몰라서 그런가?" 하고 자책하시겠어요,
아니면 솔직하게 "별로다"라고 인정하시겠어요?

많은 사람들이 전자를 선택합니다.
남들이 유명하다고 하니까, 위대하다고 하니까
억지로 감동받은 척 의미를 찾으려 하지요.
하지만 이는 자신의 감각을 불신하는 것입니다.

진정한 감상은 어디까지나 개인적인 경험입니다.
당신의 마음이 움직이지 않는다면
그 작품은 지금의 당신에게는 맞지 않는 것뿐입니다.
시간이 지나 당신의 경험이 쌓이면,
언젠가 다르게 느껴질 수도 있겠지요.

반대로 아무도 주목하지 않는 작품에 깊이 감동받았다면
그것이 당신에게는 진짜 예술인 것입니다.
평론가들과 대중이 어떻게 평가하든지 말입니다.

그러니 남들의 기준에 맞추려 하기보다는
지금의 나에게 와닿는 것부터 차근차근 쌓아가 보세요.
권위에 기대지 말고, 당신의 솔직한 감각을 믿으세요.
지금 이 순간, 당신의 마음이 뛰는 그 경험이야말로
가장 진실한 예술입니다.

사랑에 빠진 사람의 눈

「사랑 Love」, 『에세이 제1집 Essays: First Series』

> 사랑에 빠진 사람은 완전히 새로운 세계에 산다. 새들의 지저귐이 나에게 하는 말처럼 들리고, 별들은 편지 속 글자처럼 보이며, 바람 소리마저 노래로 들린다. 사랑하는 마음이야말로 가장 강력한 창조의 원동력으로, 평범한 사람도 사랑에 빠지면 시인이 되고 예술가가 된다.

사랑에 빠져 본 사람은 알 것입니다.
그 순간 세상이 완전히 다르게 보인다는 것을요.
평소에는 그냥 지나쳤던 것들이 갑자기 특별한 의미로 다가옵니다.

어제까지는 무심했던 풍경이 빛나 보이고,
그 느낌을 누군가에게 전하고 싶어집니다.
그래서 우리는 편지를 쓰고, 사진을 찍고,
그 사람을 떠올리며 노래를 흥얼거립니다.

모든 창작의 시작은 결국 하나의 마음에서 비롯됩니다.
"이 벅참을 전하고 싶다."
내가 느낀 이 감정을 다른 누군가도 함께 느꼈으면 하는
말로는 다 표현되지 않는 마음을
어떻게든 남기고 싶다는 간절함이지요.

어쩌면 사랑은, 이미 내 안에 있던 예술적 감각을
눈뜨게 하는 것일지도 모릅니다.

선한 것이 진정한 아름다움이다

「**아름다움** Beauty」, 『**자연** Nature』

> 아름다움은 선량함에서 나오는 것이며, 내면이 맑은 사람의 모든 행동에는 자연스러운 품격이 깃든다. 용기 있는 행동, 옳은 일을 하는 모습은 그 자체로 아름다우며, 주변의 모든 것을 환하게 만든다. 아름다움의 비결은 겉모습을 꾸미는 것이 아니라 마음을 바르게 하는 것이다.

사람에게 호감을 주는 요소는 다양합니다.
외모를 단정히 가꾼 사람, 표정이 밝은 사람,
말투가 부드러운 사람에게 우리는 마음이 가지요.
하지만 조금만 더 깊이 들여다보면
보이지 않는 곳에도 아름다움이 있다는 것을 알게 됩니다.

누군가에게 도움이 필요할 때 주저하지 않고 나서고,
옳다고 믿는 일을 조용히 실행하는 사람들이 있습니다.
그 모든 행동에는 가식이나 계산이 없지요.
그리고 그런 사람들 곁에 있으면,
나도 더 좋은 사람이 되고 싶어집니다.
그들이 풍기는 선량함이 마치 전염되는 것처럼 말입니다.

세월이 흐르면 겉모습은 자연스레 변하기 마련입니다.
하지만 내면이 맑고 선한 사람은 시간이 쌓일수록
그 결이 더 또렷하게 드러납니다.

결국 오래도록 기억되는 아름다움은
남에게 보이기 위한 겉모습이 아니라,
스스로 지켜온 마음의 맑음에서 비롯됩니다.

천천히 살아도 괜찮다는 자연의 말

「시인 The Poet」, 『에세이 제2집 Essays: Second Series』

> 자연과 하나 되어 살면 권력이나 돈에 대한 관심이 줄어든다. 그렇게 이상이 현실에 가까워지고, 삶의 아름다움이 비처럼 풍성하게 느껴져서, 어디를 가든 모든 곳이 소중하고 의미 있게 보인다.

자연과 하나가 된다는 것은
단순히 숲과 들판 속에 머무는 삶이 아닙니다.
그것은 인간 본래의 감각과 직관, 조화로움,
그리고 우주와의 깊은 연결을 회복하는 삶의 태도입니다.
세상의 빠른 속도에 맞추는 것이 아니라
나만의 리듬으로 살아가는 법을 배우는 것입니다.

자연과 가까워질수록 삶을 바라보는 눈도 달라집니다.
누가 더 많이 가졌는지, 누가 더 빨리 성공했는지,
그런 것들이 점점 중요하지 않게 느껴지지요.
조금이라도 더 빨리 결과를 내야 한다는 조급함에서 벗어나
천천히 기다리는 법을 배우게 됩니다.

그때부터는 권력이나 돈보다
눈앞에 펼쳐진 풍경, 마음 깊이 울리는 한 줄의 문장,
해 질 무렵 창가에 스며드는 빛이
더 아름답고 의미 있게 다가옵니다.

그리고 우리가 꿈꾸던 이상은 멀리 있는 것이 아니라
지금 이 순간, 이 자리에도
이미 충분히 존재하고 있다는 사실을 깨닫게 됩니다.

삶은 결국 내가 각각의 순간을 어떻게 바라보느냐에 달려 있습니다.
내면의 감각과 조화를 이루며 살아가는 사람에게,
세상은 언제나 풍성한 아름다움으로 응답할 것입니다.

예술이 나를 깨우는 순간

「예술 Art」, 『에세이 제1집 Essays: First Series』

> 진짜 예술은 사람을 설레게 하고 기존의 모든 한계를 깨뜨린다. 작품을 보는 순간 나도 예술가처럼 무한한 가능성과 창조력을 느끼게 된다. 좋은 예술의 진실된 목적은 감상자를 그저 구경꾼으로 남겨 두는 것이 아니라, 그 사람 안에서도 창조의 불씨를 피워 내는 것이다. 진정한 예술 앞에서 우리는 모두 예술가가 된다.

콘서트에서 아름다운 음악을 들을 때나,
감동적인 미술 작품을 감상할 때를 떠올려 보세요.
그 순간 "나도 뭔가 할 수 있을 것 같다"는
강한 확신이 든 적 있지 않나요?
평소 주눅 들어 있던 마음이 사라지고,
무엇이든 해낼 수 있을 것 같은 그런 느낌 말입니다.

진정한 예술은 우리 안의 가능성을 깨웁니다.
"나는 이 정도의 사람이야", "여기까지가 내 한계야"라고
스스로 그어놓았던 경계선들이 순식간에 무너지죠.

마음을 울리는 무언가를 만나면
평소 포기하고 있던 것들이 다시 가능해 보입니다.
미뤄두었던 도전이 해볼 만하게 느껴지고,
막막했던 문제들도 풀 수 있을 것 같습니다.
예술가가 자신만의 방식으로 세상을 바꾸어 놓았듯이,
나도 내 방식으로 무언가를 만들어 낼 수 있다는
강력한 에너지를 느끼게 됩니다.

그래서 예술 감상은 단순히 아름다움을 즐기는 일이 아니라,
내 안에 잠들어 있던 힘을 일깨우는
변화의 경험이라고 할 수 있을 것입니다.

내 마음의 색으로 물드는 세상

「경험 Experience」, 『에세이 제2집 Essays: Second Series』

> 인생은 기쁨, 슬픔, 분노 같은 다양한 감정들이 이어지는 것이며, 세상은 나의 기분에 따라 다르게 보인다. 지금 내가 슬프면 모든 게 슬퍼 보이고, 기쁘면 모든 게 기뻐 보이는 것처럼 말이다. 그러니 자연이나 책이 아름다운지는 보는 사람의 마음먹기에 달려 있다. 같은 저녁 하늘을 봐도 누군가는 감동하고 누군가는 시를 떠올리는 것처럼 말이다.

오늘 하루는 기분이 어떠셨나요?
기분이 좋았다면 길 위의 모든 것이 반갑게 보였을 테고,
마음이 무거웠다면 같은 풍경도 조금 우울하게 보였을 겁니다.

신기한 것은, 같은 시각에 같은 것을 보아도
사람마다 느끼는 것이 완전히 다르다는 점입니다.
비 내리는 거리를 보고 누구는 스산함을 느끼고,
누구는 그리운 기억에 빠지는 것처럼 말입니다.
결국 각자의 마음이 각자의 세계를 창조하고 있는 것입니다.

당신의 관심과 마음가짐이
평범할 수도 있는 일상을 특별하게 바꿉니다.
그러니 기분이 가라앉는 날엔, 쉽게 좌절하기보다
"내 마음이 지금 이런 색깔로 세상을 보고 있구나" 하고
편하게 받아들여 보세요.

세상은 객관적으로 존재하는 듯하지만,
사실 내 감정과 시선이 담긴 빛깔을 띕니다.
내가 어떤 마음으로 세상을 바라보느냐가
곧 내가 살아가는 세상을 만든다는 것을 기억하고,
매일 그 세상을 어떤 빛으로 채울지 생각해 보세요.

인격이 만드는 예술

「예술 Art」, 『에세이 제1집 Essays: First Series』

> 아무리 기술이 뛰어나도 작가의 인격과 영혼이 그 수준에 미치지 못한다면, 작품 또한 그 이상에 도달할 수 없다. 진정한 아름다움을 갖추지 못한 예술가는 어떤 재료나 형식으로도 감동적인 작품을 만들어 낼 수 없기 때문이다. 그런 작품은 겉만 번지르르하고 속은 빈, 기교만 있고 혼은 없는 껍데기일 뿐이다.

예술이 우리에게 감동을 주는 이유는
그 안에 한 인간의 깊은 내면과 통찰이
고스란히 녹아 있기 때문입니다.

그래서 요즘 AI가 만든 그림이나 글들을 보면
기술적으로는 놀랍지만 뭔가 아쉬운 느낌이 들기도 합니다.
형식은 완벽할지 몰라도
그 안에 진정한 경험과 감정이 담겨 있지 않기 때문이지요.

이는 비단 예술가들만의 이야기가 아니라,
우리의 일상에서도 마찬가지입니다.
같은 일을 하더라도 어떤 마음가짐으로 하느냐에 따라
결과는 완전히 달라집니다.

예를 들어, 누군가에게 인사를 할 때
단순히 형식적으로 하는 인사와 진심 어린 관심을 담은 인사는
상대방에게 전혀 다르게 전달됩니다.
똑같은 "안녕하세요"라도
내 마음의 상태가 그 말에 생명을 불어넣는 것입니다.

무엇을 하든 내 안의 진심을 담아 보세요.
더 많이 사랑하고, 더 깊이 느끼고, 더 치열하게 고민해 보세요.
그런 경험들이 당신의 일상 속 모든 순간에 녹아들어야
비로소 다른 사람의 마음을 움직일 수 있을 것입니다.

사랑이 나를 완전하게 만든다

「사랑Love」, 『에세이 제1집 Essays: First Series』

> 사랑은 한 사람의 모든 것을 바꾼다. 소심한 사람을 용감하게, 거친 사람을 부드럽게 만들고, 아무리 비참한 처지에 있어도 사랑하는 사람의 미소 하나로 온 세상과 맞설 힘이 생긴다. 또한 진짜 자신을 발견하게 되면서 미래를 더 선명하게 보고, 더 확실한 목표를 갖게 되며, 삶에 대한 깊은 의미를 느끼게 된다. 더 이상 남의 기대에 맞춰 살지 않고, 온전한 나로서 살아가게 된다.

누군가를 진심으로 사랑하게 되면 그 사람은 완전히 달라집니다.
단순히 기분이 좋아지거나 행동이 조금 달라지는 정도가 아니라,
삶을 바라보는 관점 자체가 바뀌게 됩니다.

사랑하는 사람 앞에서는
지금까지 자신이 알고 있다고 생각했던 모든 것들이 다시 정의됩니다.
소심했던 사람이 용감해지고,
냉정했던 사람이 따뜻해지는 것은 단순한 성격 변화가 아닙니다.
사랑이 그 사람 안에 잠들어 있던 진짜 모습을 깨우는 것입니다.

더 중요한 것은, 사랑을 통해
삶의 진정한 의미를 발견하게 된다는 점입니다.
이전까지는 남들의 시선을 의식하며
사회가 원하는 모습으로 살려고 애썼다면,
이제는 오직 자신만의 기준으로 살아갑니다.
사랑하는 사람을 위해서라면
온 세상과 맞서는 일도 두렵지 않으니까요.

결국 진정한 사랑은 상대방뿐만 아니라
나 자신도 완전히 새롭게 태어나게 만드는,
가장 강력한 변화의 힘입니다.

이유 없이 끌리는 것들로부터

「원 Circles」, 『에세이 제1집 Essays: First Series』

> 지혜는 책 속에서만 찾을 수 있는 것이 아니다. 자연 속에서 푸른 들판을 천천히 걸으며 마음을 비울 때나 새들이 자유롭게 지저귀는 소리를 들을 때, 오히려 더 깊은 영감과 창조력을 얻을 수 있다.

책으로는 배울 수 없는 것들이 있습니다.
진리를 설명한 문장보다, 풀밭을 걷다가 문득 마주치는 바람이
더 많은 것을 일깨워 줄 때도 있지요.
창밖으로 스쳐 지나가는 풍경 속에서, 숲속 새들의 노래 사이에서,
우리는 어떤 책에서도 느낄 수 없던 깊은 울림을 만나게 됩니다.

자연은 우리에게 직접 설명하지 않지만, 늘 말하고 있습니다.
소리 없이 흐르는 빛과 바람, 늘 다른 모양으로 피어나는 풀과 꽃...
그 앞에 서 있을 때, 우리는 억지로 이해하려 노력하지 않아도
자연스럽게 온몸으로 받아들이게 되지요.
그것은 '정답'이 아니라, '깨어 있음'에 가까운 지혜입니다.

이런 감각은 누구에게 배울 수 있는 것이 아닙니다.
내가 직접 경험하고,
내 안에서 느끼는 방식으로만 얻을 수 있지요.
어떤 풍경 앞에서 괜히 오래 머물게 되는 이유,
스치는 노래 한 줄에 눈물이 차오르는 이유.
그 모든 설명되지 않는 순간들 속에서
나는 누구인지, 그리고 무엇을 사랑하는지를
더욱 선명히 알게 될 것입니다.

어설픈 노래가 더 마음에 남는 이유

「예술 Art」, 『에세이 제1집 Essays: First Series』

> 진정한 예술은 멈춰 있지 않고, 항상 살아 움직인다. 가장 감동적인 음악은 완벽하게 만들어진 작품이 아니라, 한 사람의 진심과 따뜻함, 진실, 용기가 담긴 목소리이다.

누군가의 노래가 유독 마음에 깊이 남을 때가 있습니다.
음정이 완벽하지도 않고, 특별한 기교가 있는 것도 아니지만
듣는 내내 마음이 흔들리는 그런 노래 말입니다.
아마 그 속에 담긴 한 조각의 진심 때문이겠지요.

정교하게 짜인 구조나 완벽한 음정보다,
오히려 조금은 서툴고 망설이는 듯한 목소리에서
따뜻함이나 용기, 그리고 솔직한 마음이 전해질 때
우리는 더 깊은 감동을 받습니다.

이렇듯 예술은 '잘하는 것'이 아니라
'잘 드러내는 것'일지도 모릅니다.
같은 곡을 부르더라도, 같은 문장을 쓰더라도
그 안에 담긴 마음 자체가 진실되었을 때,
그것은 단순한 표현을 넘어 한 개인 자체가 됩니다.

그리고 그 진실된 나를 드러내는 데는
언제나 약간의 용기가 필요합니다.
조금 이상해 보이거나 촌스럽게 느껴져도
그 용기가 곧 취향이고,
그 취향이 결국 당신이라는 사람을 만듭니다.

세련되지 않아도 괜찮습니다.
지금 당신이 좋아하고, 믿고, 표현하고 싶은 그것이
당신의 진짜 목소리이자,
나만이 만들 수 있는 예술임을 잊지 마세요.

내가 살아온 삶이 곧 작품이 된다

「자기신뢰 Self-Reliance」, 『에세이 제1집 Essays: First Series』

> 내가 만드는 모든 것에는 내가 실제로 살아온 삶의 생생한 흔적들이 배어 있어야 한다. 내 책에서 소나무 향기가 나고 곤충들의 윙윙거리는 소리가 울려퍼지는 것처럼 말이다.

나는 무엇을 좋아하고, 무엇에 끌리고,
어떤 리듬에 마음이 반응하는가,
이 모든 내면의 움직임들이야말로 당신만의 언어이자
당신만의 세계입니다.

좋아하는 것을 따라가다 보면
어느새 당신만의 미감이 생깁니다.
이건 멋있고, 이건 별로고,
이건 정말 나 같다는 확신이 생기지요.
남들이 공감할 만한 이야기를 억지로 만드는 것이 아니라,
자신만의 경험을 솔직하게 마주하게 되는 것입니다.

새벽에 혼자 달렸던 한강변 산책로에서,
갑작스러운 이별 통보를 받고 멍하니 앉아 있던 계단에서,
처음 월급을 받고 부모님께 밥을 사드리던 그 식당에서,
그렇게 개인적이고 구체적인 감각들이
쌓이고 쌓여서 나만의 작품이 됩니다.

내가 진짜 좋아하는 것이 무엇인지 알고,
그것에 시간을 들이고, 마음을 기울이는 일은
나를 돌보고 이해하려는 시도입니다.
그렇게 당신은 그 누구의 것도 아닌,
오직 '당신다운 삶'을 만들어 가고 있는 중입니다.

초역 자기신뢰
세상이 요구하는 나가 아닌 진짜 나로 사는 법

초판 1쇄 발행	2025년 9월 15일
초판 2쇄 발행	2025년 11월 21일

지은이	랄프 왈도 에머슨
엮은이	필로소피랩
출판팀장	서수진
출판파트장	김혜리
책임편집	마인선
마케팅	이서진, 정다운, 정서경
디자인	정나영(@warmbooks_)

브랜드	각주
주소	경기도 성남시 분당구 불정로 6 네이버 그린팩토리 15층

펴낸곳	케이크 주식회사
펴낸이	이충희
출판등록	2022년 5월 24일 제2022-000080호
ISBN	979-11-94415-21-3 (03160)

각주는 케이크 주식회사의 철학, 인문학, 자기계발 출판 브랜드입니다.

* 책값은 뒤표지에 있습니다.
* 잘못된 책은 구입처에서 환불 또는 교환하실 수 있습니다.
* 본 도서와 관련된 문의는 아래 이메일로 보내 주시기 바랍니다.
  dl_kr.book.cs@cakecorp.com